次世代型戦略的グループ組織再編

グローバル競争を勝ち抜くための
グループ組織構造改革

著 Monitor Deloitte モニター デロイト

日経BP

はじめに

　新興国も含めた多極化する世界でのグローバル対応力強化やテクノロジーの飛躍的な進展に伴うDXの潮流を受けて、日本企業を取り巻く事業環境は従来に比べて大きく変化し不確実性が増している。また、デジタル技術の進化は、既存の産業構造にとらわれない新しい異業種企業との競合や合従連衡につながっており、多くの企業が事業ドメインの大胆な見直しと環境変化に応じた企業戦略を機動的に展開するための基盤構築を求められている。

　デロイト トーマツ グループのグローバルな戦略コンサルティングを担うモニター デロイトでは、挑戦的な事業構造の変革と機動的な事業展開を実現するための組織再編を多数手掛けている。その中で、組織再編が成功に至ったケースと組織再編は行ったものの成果を得られなかったケースを比較分析してきた。組織再編にかかる会社法等に基づく法令対応、組織や従業員の再編成に伴う手続きをつつがなく終える「組織再編の成立」だけでは成果にはつながらない。組織再編にかかる手続きの着実な実行にとどまらず、組織再編による変革後の姿についてBlueprint（青写真）を描き、あるべき姿に向かってプロジェクトマネジメントを遂行し、組織再編の効果を享受するところまで到達して初めて「組織再編の成功」といえる。

　組織再編をグループ全体でインパクトのある変革につなげるためには、戦略、機能、組織、制度といった会社の構成要素全般を組織再編の意義・目的に応じて深化させ、そのコンセプトを設計・実装局面に反映させることが必要になる。

　また、組織再編は経営戦略実現に向けた経営課題解決の重要な手段であり、多くの場合、広範囲のステークホルダーを巻き込みながら進める必要があるが、円滑な推進は容易なことではない。組織再編の実行局面におけるコンフリクトマネジメントやコミュニケーションの難しさを踏まえた実効性の伴ったアプローチを示す良書は少ないと感じている。

　本書では、日本企業が組織再編を通じて変革に成功した事例を要因分析し、手法・行為としての組織再編ではなく、経営課題の解決と効果創出に直結する組織再編について、組織やガバナンス・制度等の設計および組織再編プロジェクトの推進等の広範な論点について一貫した解を示していくことを目指した。

　本書は以下の構成となっている。

▶ 第1部「組織再編が必要となる背景」

　近年において組織再編の活用がなぜ活発に進んでいるのか、背景にある昨今の環境変化やそれに対する各企業の対応について実態を俯瞰する。また、組織再編という手段を有効に活用するための取り組みについても触れる。

▶ 第2部「組織再編の類型」

　グループ経営を支える組織構造は近年では特に多様化が進んでいる。取り巻く経営環境を踏まえて各社はどのような組織構造を選択しているのか、その組織構造をとるうえでの狙いも含めて解説する。そのうえで、経営戦略の実現に向けた組織に変革するにあたって、有効な組織再編オプションおよびその選択の視点について示す。

▶ 第3部「組織再編成功に向けた10の要諦」

　日本企業の組織再編にかかる取り組み事例分析から導き出した、組織再編を成功に導くための要諦を提示し詳述する。企業組織としての成長を「環境変化を捉えて危機感を高める」「抜本的に組織・ガバナ

ンス・人材をリデザインする」「変革を実行し定着化させる」という
3つの観点から捉え、それぞれの観点に基づき求められる対応を10
の要諦に取りまとめた。

▶ 第4部「個社企業の事例紹介」

　組織再編を成功裏に導いた日本企業はどのような道のりをたどった
のか、実際に存在する企業の取り組みを7社取り上げて紹介する。一
筋縄でいかない組織再編という変革プログラムを苦労しながらも力強
く推進してきた中での教訓を共有する。

▶ 第5部「組織再編の未来」

　今後生じる未知の経営課題に対して日本企業はどのように向き合い、
組織再編という変革プログラムを活用していくか、モニター デロイ
トが想像する未来を提示する。

　この本を手にとった方々が、グループ組織再編を経営課題解決の有力
オプションとして検討し、実効性のある組織再編プログラムを実行する
うえでの手助けとなることを願っている。

CONTENTS

目次

次世代型戦略的グループ組織再編

グローバル競争を勝ち抜くためのグループ組織構造改革

CONTENTS

目次

CONTENTS
目次

第 1 部

組織再編が必要となる背景

第 1 章
組織変革の
重要性の拡大

⬤ 日本企業が向き合う不透明な経営環境

　日本企業はVUCA（Volatility, Uncertainty, Complexity, Ambiguity／変動性・不確実性・複雑性・曖昧性）時代と言われる中でますます不透明な経営環境にあり、特に「グローバル化の及ぼす影響」「資本市場の要請」「ディスラプション（創造的破壊）」という3つの流れに向き合う必要がある。

▶ グローバル化の及ぼす影響

　日本企業がその成長環境を世界中に求め、グローバル化を進めていった結果、日本企業の主戦場は必ずしも日本だけでなく世界各国・地域に及ぶケースが多くなっている。そのため日本のマーケットの変化だけでなく、世界のマーケットの変化に対して敏感になる必要があり、世界各国・地域における規制緩和や紛争、環境問題等のクリティカルなファクターが経営に影響を及ぼしている。

▶ 資本市場の要請

　資本市場の要請・プレッシャーも無視できない。コーポレートガバナンスコードの導入やそれを契機としたステークホルダーの活発な動きの影響も大きい。いわゆる「物言う株主」として事業活動のパフォーマンスや効率性について改善を要求してくる存在は無視できるものではない。近年過度に多角化した事業形態に対し、コングロマリットディスカウントの観点から見方が厳しくなっている。日本では多角化の結果、一見して関係性の低い事業群を同じグループ傘下で事業運

営し、事業の自律性発揮とシナジーを同時に追求するコングロマリット形態をとっている企業が見受けられるが、多角化業態がゆえの非効率性が非難されることも少なくない。現にROE（Return On Equity、自己資本利益率）で見ると日本のコングロマリットと呼ばれる企業の数値は必ずしも高いとはいえない。資本市場は、どの事業で投資し、どの事業で稼ぐのかという事業構造の分かりやすさを日本企業に求めている。

　企業経営においては、足元の事業成長と将来の事業拡大の両方を見据える必要があるという両利きの経営の主張は誰しもが認識することだが、両利きの経営で実際に要求される水準は高い。企業価値向上につながらない事業は抜本的に見直し、新たな柱となるような事業に早急に経営資源を投下することが求められる。事業の深化と探索を高度な次元で両立することが必要である。

▶ ディスラプション

　DXやサステナビリティの重視といったことが影響し、社会のニーズは急激に変化している。従来の感覚では当たり前だと思われていたことが、価値観の変化によって当たり前ではなくなり、新しい価値観の理解とそれを踏まえた対応が求められている。

　またDXの進展は従来の業種別の常識を打ち壊し、思わぬ競合企業の事業参入を招く結果になっている。GAFAM（Google、Apple、Facebook、Amazon、Microsoft）に代表される企業に加えて、新たに勃興してくる企業は、従来の産業構造の壁を打破してあらゆる事業に進出する存在として警戒されている。

⬤ 経営環境に基づく組織形態

▶ 経営環境に即した最適な組織の追求

　VUCA時代にある中で、経営環境は絶えず変化しており、当初想

定できなかった未知の経営課題への対処が求められる。「組織は戦略に従う」というアルフレッド・チャンドラーの問題意識に基づくと、経営課題の変遷に従い、とられる戦略が変わり、その時々において採用された戦略に応じて組織の姿・形を最適化していくことが求められる。

▶ 組織再編の不断の実行

新たな環境変化に機動的に適応する形で不断の組織再編実行と成果の刈り取りをしていく必要がある。単発の組織再編では経営課題の解決や目標達成に至らないケース、また組織再編の効果も時限的になることもあるため、持続的な組織再編の企画と実行により、改革を加速化することが必要である。3〜5年周期で組織のあるべき姿を事業や経営の戦略と同期させて見直し、組織再編のPDCA（Plan、Do、Check、Action）サイクルを回し続けることが必要と考える。

● 組織再編活用の方向性

▶ グループの経営資源の最大活用

国内市場のシュリンクやDX（Digital Transformation、デジタルトランスフォーメーション）の進展に伴う事業構造変化、さらにはCOVID-19後の恒常的な生活スタイルや顧客ニーズの変化等を受けて、自社の事業構造の転換が求められている。今の柱である事業は競争力の維持強化のための構造改革を行い、次なる柱としてグローバル化加速や成長・新規領域への軸足転換を図る等、グループの経営資源を総動員して活路を見いだそうとしている企業は多い。

特にここ数年、非連続な変革の推進を意図し、その重要施策としてグループ組織再編を選択、実行している企業が増えてきている。過去の分析・経験則からも将来の見通しが立たない不景気な局面においては、既存事業に集中する求心型のグループ経営およびそれを実行する

ためのグループ内の合併・統合が推進される傾向にあったが、昨今は既存事業の変革も重視しつつ、新たな事業創出に向けた分社化、グループ全体の経営資源再配分を意図した再編等が実行されている。

▶ 中長期スパンでの組織再編の活用

　組織再編を有効活用する日本企業各社は、自社を取り巻く環境や今後の事業戦略等を踏まえた中長期目線での組織再編を計画し、それを段階的に推進している。一度の組織再編で満足することなく、環境変化を機敏に捉え、次なる戦略の実行を目的に段階的な組織再編を活用している。

　実際に、中長期ビジョンや中長期戦略の検討タイミングとリンクさせる形で組織再編を検討し実行するケースも多く見られる。組織再編はその取り組み自体が大変な労力を伴うため、一過性の取り組みにとどまってしまう傾向にあるが、組織再編をうまく活用し戦略実行している日本企業は共通して不断にグループ経営体制の見直しを行っている。

第 2 章

実績としての
組織再編の増加

　本章は、関連の統計データ等から、改めて日本企業による組織再編の
実施状況を俯瞰する。

● 統計データから読み解く組織再編の実施状況

　株式会社レコフデータが企業の公開情報と独自調査を基に作成してい
る「レコフM&Aデータベース」の統計によると、日本企業による組織

図表 1-1　日本企業による組織再編の件数の推移

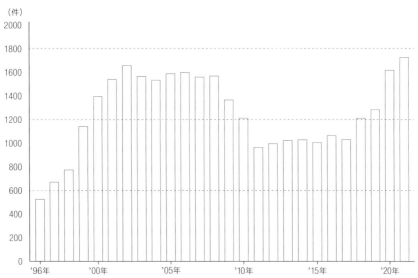

注：形態が合併、事業譲渡、分社分割、持株会社とされているものを対象として作成
出所：株式会社レコフデータ「レコフM&Aデータベース」を基に作成

再編の実施件数は、1990年代後半以降順調に増加し、2000年頃から約10年間高水準を維持した後、減速傾向にあったが、ここ数年は再び増加している（図表1-1）。

　関連する一連の法制度の整備が進められたことが、2000年代後半頃までの組織再編増加の主な要因の1つと考えられる。1990年代後半以降、独占禁止法の改正による純粋持株会社の設立解禁や、商法改正による合併手続きの簡素化、税制改正による組織再編に伴う税負担の軽減等、企業による柔軟な組織再編を後押しする制度の見直しが次々に実施された（図表1-2）。

　2009年以降はリーマンショック後の景気後退の影響もあり件数は減少したものの、その後も継続して一定の組織再編が実施されてきた。2016年頃から徐々に復調の兆しが見られ、2020年、2021年は実施件数が大きく伸びている。第1章で述べた通り、企業を取り巻く経営環境の

図表1-2　2000年前後における組織再編関連法制度の整備の状況

時　期	概　要
1997年	・純粋持株会社の設立解禁（独占禁止法改正） ・合併手続きの簡素化（商法改正）
1999年	・株式交換・株式移転制度の導入（商法改正） 　完全親子会社関係を円滑に創設する目的で導入 ・産業活力再生特別措置法公布 　認定された「事業再構築計画」に対して、税負担の軽減等の政策的支援を提供
2001年	・会社分割制度の導入（商法改正） 　会社分割に関する手続きの簡素化 ・企業組織再編税制の導入（税制改正） 　要件を満たす再編行為について税負担を軽減
2002年	・連結納税制度の導入（税制改正）
2006年	・新会社法施行 　「簡易組織再編」の要件緩和、「略式組織再編」の新設等を実施

出所：「構造改革評価報告書」(内閣府)(https://www5.cao.go.jp/j-j/kozo/2003-11/kozo.html)、
「産業政策から見た新会社法のポイント」(経済産業省)(https://www.meti.go.jp/policy/economy/keiei_innovation/keizaihousei/pdf/kaisyahou_point.pdf)を基に作成

変化を背景に、新たな事業創出に向けた分社化等の組織再編が増えていると考えられる。直近ではCOVID-19のパンデミックの長期化が重なり、事業構造転換に向けた組織再編の動きが加速したと考察される。

　また、関連法制度の整備はその後も継続して実施されている。例えば、2017年の税制改正では、特定事業を切り出して独立会社とする「スピンオフ」に関する税制が改正された。2020年には、企業が事業ポートフォリオを検討する際のガイドラインである「事業再編実務指針」が経済産業省により策定されている。これらの取り組みによる影響は現時点ではまだ顕著ではない可能性があるが、組織再編を後押しする動きであり引き続き動向が注目される。

　続いて、公的統計である「経済産業省企業活動基本調査」のデータを基に、企業による組織再編の実施状況を見てみよう（図表1-3）。同調査は、「従業者50人以上かつ資本金または出資金3000万円以上」と幅

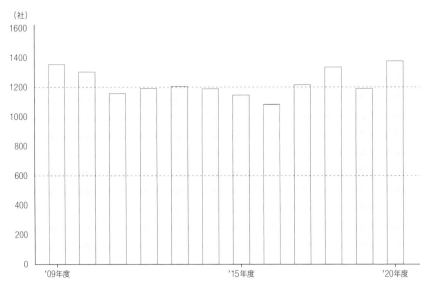

図表1-3　過去1年間に組織再編を実施したと回答した企業数の推移

注：直近1年間に組織再編を実施したと回答した企業の数。「サービス業（その他のサービス業）」「その他の産業」の企業は含まれない。
出所：「企業活動基本調査」（経済産業省）（https://www.meti.go.jp/statistics/tyo/kikatu/index.html）を基に作成

広い規模の企業を対象に毎年実施されている。新会社法の施行等により増加する組織再編の実態を把握する目的で、2009年度から組織再編行為に関する設問が追加された。

　組織再編を実施したと回答した企業の数は、2009年度の調査以降、毎年約1000〜1400社（有効回答企業数に占める割合は4〜5％）で安定して推移しており、多様な規模の企業が組織再編という行為を常用していることがうかがえる。

「産業競争力強化法」の活用状況

　次に、企業による組織再編支援制度の活用状況に着目する。

　産業競争力の強化による日本経済の再興を目指し、2013年に「産業競争力強化法」が制定された（前身は1999年に公布された「産業活力再生特別措置法」）。同法律では、産業の新陳代謝を活性化させるための措置の一環として事業再編の円滑化が含まれており、認定された「事業再編計画」は税制優遇や金融支援等の支援措置を受けることができる。「事業再編計画」の認定状況（P.018／図表1-4）を見てみると、「産業競争力強化法」制定以降、年10件前後の計画が認定を受けており、同制度が着実に活用されていることが分かる。2016年から2019年は10件を下回る状況であったが2020年以降は増加。2021年の認定数は同制度導入以降では最多となったが、2022年は9月時点ですでにその件数を上回っている。前述の図表1-1で示した組織再編の実施状況と同様に、「産業競争力強化法」における支援措置を活用する企業も、COVID-19以降増加している。

　同制度は、これまでにさまざまな規模の企業によって活用されてきた。大手企業による活用事例も多い。近畿日本鉄道（現 近鉄グループホールディングス、2015年認定）、第一生命保険（現 第一生命ホールディングス、2016年認定）、日本通運（現 NIPPON EXPRESSホールディングス、2021年認定）等による持株会社化、アイシン精機（現 アイシン）

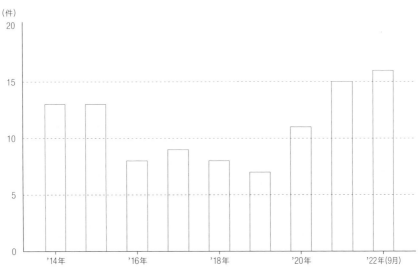

図表 1-4　産業競争力強化法における「事業再編計画」の認定状況

（件）

注：組織・機能の移動が伴う認定案件を対象に集計。認定のタイミングと実行のタイミングは異なる場合がある。
出所：「事業再編の促進（産業競争力強化法）」（経済産業省）
（https://www.meti.go.jp/policy/jigyou_saisei/kyousouryoku_kyouka/saihen_2.html）の事業再編計画認定案件の情報を基に作成

による子会社アイシン・エィ・ダブリュの吸収合併（2021年認定）等の
グループ内組織再編案件も同制度の認定計画である。各社は、本制度を
活用し、支援措置を受けながら組織再編を実施している。
　各種データが示す通り、組織再編という行為は、改革の手法としてす
でに積極的に活用されている状況といえる。

グループ組織構造の類型

🌀 グループ組織構造に対する理解

　第2部ではグループ組織再編とは何たるかの理解を深めるために、まず「グループ組織構造」にはどのようなパターンがあるのかを第1章で説明する。組織再編とは、戦略目的を達成するために現状の組織構造から新たな組織構造に変革を遂げることであり、その変革についてもパターン化が可能であることから、その類型を「組織再編オプション」と呼び第2章でその内容について説明する。

🌀 一般的な組織構造のパターン

　組織再編において「組織構造」を考える際には、現状の組織構造の功罪を理解したうえで、経営課題解決のためにどのような考え方で構造を変えていくかを検討する必要がある。そのため本章では、骨格となる組織構造の典型的なパターンについて、いくつかの観点から説明する。

▶（1）事業軸での組織構造の類型
　（1-1）事業部制・カンパニー制・持株会社制
　（1-2）事業組織のバリエーション

▶（2）地域軸×事業軸でのグローバル組織構造の類型
　（2-1）地域軸混成型グローバル組織
　（2-2）グローバル事業軸組織における地域軸の補完事例
　（2-3）地域統括会社（RHQ）による地域軸での事業活動支援

◐（1）事業軸での組織構造の類型

▶（1-1）事業部制・カンパニー制・持株会社制

　単一事業からなる会社を除き、複数の事業を営む企業においては事業のくくりが組織構造にも反映されていることが通常である。事業軸によって定義された組織構造は「事業部制」「カンパニー制」「持株会社制」に分類される。「ビジネスユニット制」と称している企業も事業部制かカンパニー制のいずれかに該当すると考えられる。

事業部制とカンパニー制の違い

　社内の組織であるため実際の運用は各社によって異なるが、カンパニー制は、実際の分社はしていないものの、社内で事業部門を疑似的に会社とみなした組織構造である。事業部制との具体的な違いの例としては、PL（Profit and Loss Statement、損益計算書）だけでなくBS（Balance Sheet、貸借対照表）まで責任を負うために資産・負債を分割してカンパニー別BSを管理する点や、取締役会に相当する意思決定機関（カンパニーボードという）が設置される点等が挙げられる。また、事業部制よりもさらに各事業が自立して自主運営できるように権限・責任が委譲されており、持株会社制と同様の狙いを一定実現できるといえる。

カンパニー制と持株会社制の違い

　事業組織が社内の部門かLegal Entity（法人）かというのは、外形的な違いでしかなく、理論的にはいずれの形態でも組織再編の目的を達成することができる。しかしながら、持株会社制においては、事業部門が分社化されて別法人となることによって、事業に適した各種制度（例：人事制度）の設計が可能になる。また、グループとしての戦略・意思がより明確に示されることによって、従業員の意識やブランドイメージに好影響をもたらすことが期待できる。一方

図表 2-1　事業部制・カンパニー制・持株会社制の一般的な比較

		事業部制	カンパニー制	持株会社制
責任権限	権限委譲	限定的な委譲	大幅な委譲	大幅な委譲
	意思決定機構	事業部門内になし	カンパニー内にあり	各社にあり （取締役会等）
	投資権限	コーポレート	各カンパニー （権限委譲度による）	各事業会社 （権限委譲度による）
経営管理	事業の 経営管理	PL管理	PL管理 BS管理	PL管理 BS管理
	内部取引	社内原価に基づく 取引価格設定	社内原価に基づく 取引価格設定	市場価格に基づく 内部取引を設定
	資本金	設定なし	疑似的な資本金 （社内資本金制度）	事業に合わせた 実際の資本金
	資金	調達なし	調達なし	事業部門独自に 調達も可
	責任と報酬 の一致性	部門賞与等で反映 （原資は全社業績）	賞与と カンパニー業績の 連動あり	賞与と事業会社業績の 連動あり
人材	人事制度等	同一基準	同一基準＋ 必要に応じ独自制度	独自制度も可能
	ローテーション	部門間の異動は 出向・転籍は不要	カンパニー間の異動は 出向・転籍は不要	事業会社間の異動は 出向・転籍が必要
	経営人材の 育成	経営経験の機会 が限定的	疑似的な 経営経験の実現とポストの 拡充が可能	事業会社でのリアルな 経営経験の実現とポストの 拡充が可能

図表 2-2　純粋持株会社制と事業持株会社制

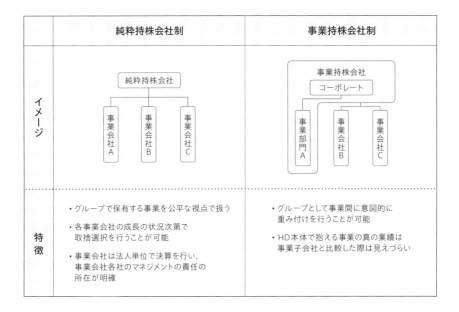

	純粋持株会社制	事業持株会社制
イメージ	純粋持株会社 → 事業会社A／事業会社B／事業会社C	事業持株会社（コーポレート）→ 事業部門A／事業会社B／事業会社C
特徴	・グループで保有する事業を公平な視点で扱う ・各事業会社の成長の状況次第で取捨選択を行うことが可能 ・事業会社は法人単位で決算を行い、事業会社各社のマネジメントの責任の所在が明確	・グループとして事業間に意図的に重み付けを行うことが可能 ・HD本体で抱える事業の真の業績は事業子会社と比較した際は見えづらい

　で、持株会社体制への移行には一定のコスト・期間を要する点や、事業間での経営資源の共有・移転はしづらくなる点を留意する必要がある。そのため、メリット・デメリットを比較したうえで自社の実情に適した組織構造を選択することが肝要である。

持株会社制のバリエーション

　持株会社とは、他の会社を支配する目的でその会社の株式を保有する会社のことを示し（独占禁止法第9条）、「純粋持株会社制」と「事業持株会社制」に分類される。

　純粋持株会社制は全ての事業を事業会社として独立させ、持株会社は事業活動を行わない組織構造である。「ホールディングス」と名乗っている企業は、多くの場合純粋持株会社であるが、東芝のように社名で明示されていなくとも実質的に純粋持株会社である企業も

存在する。純粋持株会社は事業活動を行っていないため、グループ子会社からの配当や各種フィー徴収が収入源となるのが特徴である。

　事業持株会社制は、持株会社が株式所有によって事業子会社を支配しつつ、自身も一部の事業活動を行う組織構造である。元来営んできた「本業」は社内の事業部門として事業運営しつつ、M&A（Mergers and Acquisitions、合併・買収）等で外部獲得した事業や多角化の結果育成した重要な事業を他事業と横並びで事業子会社としてマネジメントしているケース等が該当する。

　もう1つ、「中間持株会社制」という組織構造がある。グループ組織体制のトップに位置する親会社ではなく、その子会社が純粋持株会社となって関連する事業子会社のマネジメントを行う組織構造である。中間持株会社を設立する目的は通常の純粋持株会社と基本的には同様であるが、グループ内で同じ事業領域に複数の事業会社が存在している場合に、当該事業領域に踏み込んでガバナンス強化やシナジー効果創出を実現したい場合に用いられる手法である。

▶（1-2）事業組織のバリエーション

　事業本部やカンパニー、事業会社といった「事業組織」をどのような切り口で定義しているか（すなわち、何を「事業」と位置付けているか）についてもバリエーションが存在する。「事業」を定義する軸としてはプロダクトや市場・顧客といった観点があり、組織再編においては外形的な組織の形だけでなく、事業のくくりを再定義するケースもある。

　プロダクト軸での事業別組織とは、製品・サービス等の商材毎に事業部門が組成され、商材の提供に必要な商品企画、開発、生産、販売、デリバリーの機能を保有する、製造業に多い事業組織である。

　一方で、マーケット軸での事業別組織は、顧客ニーズに対応した価値を提供するために、社内外からさまざまな商材を仕入れてインテグレーションして販売する、大手ITベンダーに多く見られる事業組織

図表 2-3 事業組織の類型（プロダクト軸・マーケット軸）

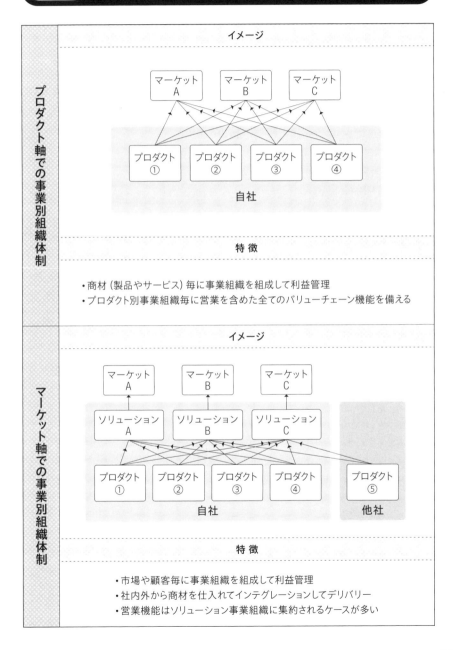

プロダクト軸での事業別組織体制

イメージ

特　徴

- 商材（製品やサービス）毎に事業組織を組成して利益管理
- プロダクト別事業組織毎に営業を含めた全てのバリューチェーン機能を備える

マーケット軸での事業別組織体制

イメージ

特　徴

- 市場や顧客毎に事業組織を組成して利益管理
- 社内外から商材を仕入れてインテグレーションしてデリバリー
- 営業機能はソリューション事業組織に集約されるケースが多い

である。プロダクト単体売りでは解決できない顧客の課題に対応するため、製造業においてもプロダクト軸での事業別組織からマーケット軸での事業別組織に移行する傾向が一定数見られる。

マーケット軸での事業別組織体制において、プロダクトを開発・生産する部門は、マーケット軸の事業部門にプロダクトを供給する社内組織として位置付けつつ、市場価格水準を意識したターゲットコスティングを行えるように経営管理制度を整備・運用しているケースが多いといえる。

（2）地域軸×事業軸でのグローバル組織構造の類型

グローバル経営を実現する組織体制として、自社は本国中心に事業運営を行って海外では各地域の子会社が事業を運営する「地域軸組織」や、親会社の各事業部門が各地域の子会社も含めたガバナンス体制を構築している「グローバル事業軸組織」に加えて、現在では多くの企業が地域軸と事業軸を組み合わせたハイブリッドなグローバル組織構造を構築している。ここでは事業軸によるグローバルガバナンスと各地域の特性を考慮したローカライズの双方の長所を「いいとこ取り」した「グローバル地域軸×事業軸組織」の類型について説明する。

▶（2-1）地域軸混成型グローバル組織
特定領域において事業軸よりも地域軸組織へのレポートラインが優先となるケースである。具体的には以下のようなパターンがある。

① 特定地域でのみ地域軸のレポートライン優先
基本的にはグローバル事業軸組織であるが、成長市場であり、かつ市場ニーズや当局の規制において独自性が強い地域では、地域軸組織に事業横断での戦略策定機能を置き、各事業軸組織が当該地域での事業展開戦略をアラインさせる運営形態である。新興市場とな

図表 2-4 地域軸混成型グローバル組織の類型

地域軸混成型グローバル組織	① 特定地域でのみ地域軸のレポートライン優先	イメージ	（図）
		特徴	・注力地域のみ**事業横断で地域軸組織が戦略策定**
	② 特定事業における地域軸のレポートライン優先	イメージ	（図）
		特徴	・重点事業のみ**事業軸組織に権限委譲して主従逆転**
	③ 特定機能における地域軸のレポートライン優先	イメージ	（図）
		特徴	・地域性が**必要な機能のみを地域軸組織で保持**

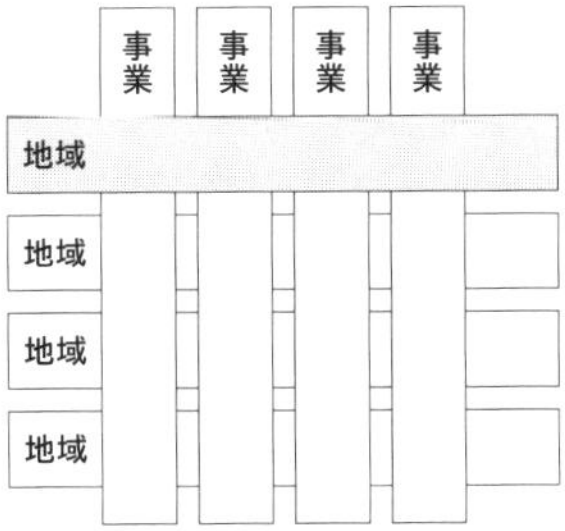

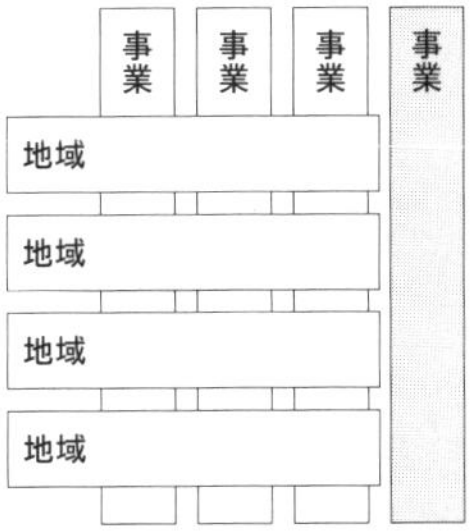

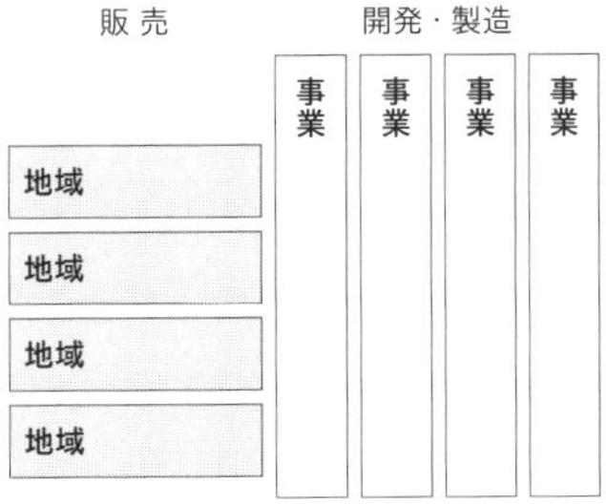

る国・地域においてこのような形態となるケースが多いといえる。

② 特定事業における地域軸のレポートライン優先

　事業軸組織が各地域におけるガバナンスを構築している事業と、地域軸組織が戦略を策定する事業のハイブリッド型形態である。例としては、食品や小売等各地域の文化や国民性を踏まえた戦略策定が必要な事業では地域軸組織が、その他の事業では事業軸組織がイニシアチブをもつケースがある。

③ 特定機能における地域軸のレポートライン優先

　グローバル事業軸組織を中心としつつ、バリューチェーンの中で、特に地域特性に応じた対応が必要とされるファンクションを地域軸組織でもつ形態である。例としては、コンシューマー系事業を運営する企業において、地域性のある機能であるマーケティング・販売機能は地域軸組織がもつケースがある。

▶（2-2）グローバル事業軸組織における地域軸の補完事例

　グローバル組織構造は各社とも工夫を重ねており、上述の3パターン以外にもさまざまなケースが存在する。グローバル事業軸組織であるが、組織構造や権限設計は大きく変えずとも、各地域で必要な領域について部分的にローカライズを進めるためにマネジメントや機能配置を工夫した事例を3つ紹介する。いずれも、本国の事業戦略を画一的に展開するのではなく、各地域の特性を踏まえた事業運営を行っている。

事例1：エレクトロニクス系製造業：ボードメンバーによる最適化

　事業軸×地域軸のグローバルマトリクスにおける全ての交点において、双方の軸を最適化して事業運営することができれば理想的だが、実際には双方の利害調整が極めて困難であるため現実的には難

しい。そこで、全ての交点ではなくビジネス規模が大きいいくつかの領域に絞って、ボードメンバーが事業軸・地域軸双方の権限・責任をもつことで最適化を実現した。

事例2：化学系製造業：顧客視点でのローカライズ機能

　原則としては事業軸で運営を行いつつも、地域特性が出やすい一部の機能（例：製品開発等）において地域ニーズを反映するための機能組織を各地域に配置することで、各地域でローカライズされたソリューションの提供を実現した。

事例3：エレクトロニクス系製造業：本社組織による地域軸の補完

　地域軸でのローカライズを促進する機能を本社部門に設置し、本国以外の地域での事業規模拡大をミッションとして、事業横断で各地域のニーズに応えるべく、各事業部門間の連携促進や各地域での広報・ブランディングを本社主導で実施している。

▶(2-3) 地域統括会社（RHQ）による地域軸での事業活動支援

　地域軸の組織構造における重要な構成要素の1つである地域統括会社（Regional Head Quarter：RHQ）についてもさまざまなパターンがある。地域統括会社とは、同一地域において複数の事業会社が存在する場合に各社への支援や統制を行う会社であり、米国、欧州、アジア、中国といった大くくりの地域毎に設置されていることが多い。

　地域統括会社の役割はさまざまであるが、保有機能による類型化が可能である。保有する機能の範囲により、以下の類型を複数兼ねるケースも存在する。

① 共通基盤機能型

　当該地域におけるシェアードサービスセンターとして経理・人事といった間接業務サービスを提供するとともに、財務情報や各種

KPI（Key Performance Indicator、重要業績評価指標）の取りまとめといった経営管理の支援を実施する。地域内の各事業子会社の間接業務・経営管理手法の共通化や、システム統合等が必要となる。

② 商流統括機能型

　　各事業子会社の商品・サービスの提供において顧客への営業・販売を実施したり、各種部材等を集中購買して各事業子会社にリセールを行ったりするケースである。グループ外との取引の集約効果を高めたり、コンプライアンスの向上を図るとともに、商流からマージンを得るのが特徴である。

③ 戦略機能型

　　当該地域における事業横断での戦略策定や、当該地域での人材採用・育成を実施する。このような機能を地域統括会社に置くケースは現時点ではそう多くないと考えられる。

^第 **2** ^章
組織再編オプション

◖ 組織再編とは

　組織再編は、一般的には「企業の価値向上に向けて会社の組織や形態
を変えること」と捉えられることが多いが、その定義や範囲は組織再編
が語られる状況や語り手の立場・専門性によって大きく異なる。会社法
上の組織再編の定義は、一般的には会社法第5編に記載される組織変更、
合併、会社分割、株式交換、株式移転に加え、会社分割と類似する事業
譲渡（会社法第467-470条）を加えたものを指すことが多い。

- ▶ **組織変更**
- ▶ **合併**
- ▶ **会社分割**
- ▶ **株式交換**
- ▶ **株式移転**
- ▶ **事業譲渡**

　一方、会社法で定められる組織再編の定義は、ある目的を果たすため
に法律上取り得る経営資源の移転や再構成にかかる形式上の手法にとど
まっている。

　本書では、目的に照らして実務上取り得る選択肢や、日本企業におけ
る長年の実績・経験を踏まえ、組織再編の種類を分類した「組織再編オ
プション」を後述の通り定義することとする。なお、これらの組織再編
オプションは目的に応じて複数を組み合わせるケースや、1つの組織再
編オプションに別の組織再編オプションが含有されるケースもある（例：

持株会社化に付随したSSC（Shared Service Center）設立、外部化に伴う子会社再編等）。

各組織再編オプションの説明

　本書における組織再編オプションは、①グループ組織再編 ②コーポレート改革 ③外部化と分類し、さらに詳細な分類を以下に示す。

▶① グループ組織再編

①-1 持株会社化

　持株会社化とは、文字通り、持株会社体制に移行することである。設立経緯によって組織再編型とM&A統合型に大別できる。

- 組織再編型：事業や組織の再編を目的につくられる持株会社
- M&A統合型：企業統合をする場合において、対象会社の実質的な統一運営を目的でつくられる持株会社（将来的には持株会社体制を解消し、1つの会社に統合されるケースも多い）

　本書では主に組織再編型を対象として扱うが、組織再編型の持株会社化は、主にポートフォリオマネジメントや意思決定の質・スピードの向上、各事業の自律性の向上等を目的として実施される。

　なお、持株会社体制への移行のみならず、持株会社体制の解消も組織再編オプションの1つと捉える。

①-2 事業再編

　事業再編とは、グループ内の事業を分割や統合により再編成することである。なお、事業再編に伴い持株会社体制への移行または持株会社体制の解消を伴う場合は①-1 持株会社化に該当する。

　事業環境の変化やM&Aといった文脈において、グループ内の事業のくくり方を最適化することを目的として実施される。子会社も含めて実施されるケースも多い。

　一般的に、事業を分割することで各事業の自律的な運営や意思決定の迅速化、事業特性に応じた独自制度・業務の構築が可能となる。また、事業を統合することにより、意思決定プロセスの一本化、重複機能の排除による効率化や事業間のシナジーの創出を見込むことができる。

▶ ② コーポレート改革

　コーポレート改革とは、本社機能全体や特定の機能、地域について見直しを図ることである。本書では、取り組み対象範囲が事業部門以外の本社機能全般にわたる場合は、「②-1　コーポレートスリム化・強化」と整理する。取り組み対象範囲が主にスタッフ機能（後述）であり、SSC / GBS（Global Business Service）に主軸を置いた取り組みの場合は、「②-2　SSC/GBS設立・強化」と定義する。取り組み対象範囲が特定の地域に主軸を置いた取り組みの場合は、「②-3　地域統括会社（RHQ）設立・強化」と定義する。取り組み対象範囲が個別機能の場合は、「②-4　機能別改革」と定義する。

②-1 コーポレートスリム化・強化

　コーポレートスリム化・強化とは、企業の本社機能全般に関し、少数精鋭で競争力のある本社機能への見直しを図ることである。

　コーポレートスリム化は、本社機能にかかる業務効率化や要員削減を通じた間接費用の削減を目的に実施される。また、コーポレート強化は、本社機能にかかる制度・仕組みの最適化や高付加価値業務へのシフト、専門性の向上を通じた事業へのお役立ち向上やグループ経営の強化を目的に実施される。

　ここでの本社機能とは、経営方針の策定や経営資源の最適配分といった、中長期的な企業の価値最大化に寄与するブレーンとしての「狭義の本社機能」と、人事、経理、総務等、日々の事業活動の支援をする「スタッフ機能」に分類することができる。狭義の本社機

能は中長期的な競争優位を築く少数精鋭部隊として、必要な機能に絞り込んだうえで強化していくことが求められる。スタッフ機能はグループ全体および各事業の利益確保を促進するため、事業活動を支えるプラットフォームとして徹底的な効率化が求められる。コーポレートスリム化・強化は、前述の狭義の本社機能の精鋭化とスタッフ機能の効率化の2つの側面で検討する。

②-2 SSC/GBS設立・強化

　SSC/GBS設立・強化とは、SSC/GBSの新規設立・廃止、保有機能や対象範囲の見直しといったSSC/GBSにかかる取り組み全般のことである。

　SSC/GBS設立・強化は、グループ内の業務を集約化のうえ、効率化・高度化を推進することが目的である。

　SSCとは、複数のグループ会社の間接業務を1カ所に集約させ、業務効率化やコスト削減を狙う取り組みのことである。シェアードサービス専門会社として独立した子会社が担うケースもあれば、グループ内の1つの会社の間接部門に集約するケースもある。シェアードサービスの対象とする範囲（機能、業務、会社、地域）は各社各様だが、費用対効果や実現可能性等を勘案して決定する。

- 対象機能：人事、総務、経理財務、IT、物流、調達、知財等、どこまでの機能を含めるか。
- 対象業務：オペレーショナルな業務のみ集約するか、意思決定や判断を伴う業務も含めるか。
- 対象会社：グループ会社のどこまでを対象とするか。
- 対象地域：サービス提供先の地域のどこまでを対象とするか。

　また、対象範囲はグループの事業環境や組織構造の変遷に応じて、絶えず見直しを実施していくことが多い。

　GBSはSSCの進化系である。オペレーション業務を中心にコスト削減を主眼とするSSCから、高付加価値業務として業績予測等の情報分析、全社改革・ガバナンス強化等の経営サポートを含め、グローバル規模で均質化された間接機能を迅速に提供するという高度ミッションを担うのがGBSである。

　SSCとGBSの明確な線引きはないが、前述のSSCの対象範囲について、機能および地域のカバレッジの多さを志向し、加えて当該組織が高度なミッションを掲げるケースにおいてGBSと整理することが多い。本書では、取り組み対象が国内に限られるケースにおいても、複数機能の保有や高度ミッションを志向している場合はGBSと定義する。GBSは、対象範囲のカバレッジの多さに加え、機能軸と地域軸のレポートラインが交差し複雑化することが多く、設計に工夫が必要であり、言うまでもないがSSCよりも格段に難度が高い。

②-3 地域統括会社（RHQ）設立・強化

　地域統括会社（RHQ、Regional Head Quarter）設立・強化とは、地域統括会社の新規設立・廃止、地域統括会社のガバナンス構造や保有機能、対象範囲の見直しといった地域統括会社にかかる取り組み全般のことである。

　地域統括会社設立・強化の目的は、地域軸でのマネジメントの最適化を図ることである。

　本社機能の一部を地域に委譲することによる意思決定の迅速化や、グローバル戦略を地域毎に最適化するといった目的で設立される。通常、地域統括会社は地域における複数国の拠点を傘下会社とすることが多く、地域統括会社を設立する国の選定は地域統括会社を機能させるために非常に重要である。一般的には以下の観点で設立する国を検討する。

• 主要拠点（生産拠点や販社）のロケーション

- 主要事業の注力地域
- 各国法令や税制上の制約・優遇措置
- 本社からのアクセス、時差等を踏まえた利便性
- 人材獲得にかかる優位性

②-4 機能別改革

　機能別改革とは、特定の機能に関し、機能の効率化や高度化を図ることである。組織・業務の見直しや、KPIや評価指標の再定義等、大小さまざまな取り組みが考えられる。本書では、取り組みにおいて外部パートナーの活用が主軸である場合、③外部化と整理する。

　②-1〜②-3で述べたような本社機能のうち、複数の機能にかかる組織再編を実行に移す際には、機能別に取り組み優先順位や施策の濃淡をつけ、機能毎の取り組みロードマップへと具体化する必要がある。ゆえに、②-1〜②-3は最終的には②-4機能別改革に落とし込まれることが多い。また、事業側より、事業との関連性の高い機能にかかる機能強化や、特定機能の事業への移管を要請されるケースもある。

　機能別改革はその目的によってさまざまな取り組みが該当するが、代表的なものを以下に例示する。

- 事業への前線化（例：事業部門への特定機能・人員の移管）
- 特定機能の別会社化（例：IT部門の別会社化による専門人材の獲得の加速、知財部門の別会社化による事業横ぐしでの知的財産活用促進）
- 特定機能の外販（例：物流子会社による他社からの業務受託の開始）
- 特定業務の自動化（例：RPA（Robotic Process Automation、ロボティック・プロセス・オートメーション）やAI（Artificial Intelligence、人工知能）活用による人材捻出、本業へのリソースシフト）

②-5 グループガバナンス改革

　グループガバナンス改革とは、文字通りグループ全体のガバナンス構造を最適化する取り組みである。

　グループガバナンス改革は、意思決定の迅速化や質の向上、事業や機能への牽制強度の最適化を目的に実施される。

　グループガバナンスと一言でいっても、人員配置や会議体、権限設定等広範な論点が考えられるが、検討の具体例としては以下のようなテーマが挙げられる。

- 中長期戦略を踏まえた事業に対するガバナンスの在り方見直し
- 事業の自律化やグループ経営への集中に向けた事業部門への抜本的な権限委譲
- 意思決定構造の変更（例：CxO制の導入）に伴う権限配置・レポートラインの見直し

▶ ③ 外部化

　外部化とは、特定の機能や業務について、社内で保有することをやめ、社外の外部パートナー企業にて補うことである。

　外部化は、固定費の変動費化や間接費用の削減を目的に実施される。

　外部化によって切り出された社内の機能や業務は、社外の外部パートナーへの業務委託で補う必要がある。業務委託は多くが業務量に対する対価支払いとなるため、外部化前は固定費であった費用（人件費等）を業務委託費として変動費化することができる。また、当該機能の受託を専門とする外部パートナーのノウハウを活用し、抜本的効率化や高度化も期待し得る。

③-1 特定機能の売却・JV化

　特定機能の売却とは、特定の機能を社外の外部パートナー企業に対して完全に売却することである。また、JV（Joint Venture、ジョ

イントベンチャー）化とは、特定機能を子会社として独立させたうえで、社外の外部パートナー企業からの出資を受け、JVとして運用することである。ここでやり取りされる機能とは、当該機能に従事している人員が主だが、加えて当該機能を維持するための資産（ITシステム等）やノウハウ（業務プロセス等）、各種契約等が該当する。

　機能の売却・JV化後、社内になくなってしまった機能は売却先またはJVに対する業務委託で補完する。売却・JV先とは異なる外部パートナーに業務委託することも理論上は可能だが、売却・JV先の外部パートナー企業は採算が合わなくなってしまうため、少なくとも3〜5年程度は業務受委託関係を維持するよう、別途契約書に定められるケースがほとんどである。

③-2 BPO活用

　BPO（Business Process Outsourcer、ビジネス・プロセス・アウトソーサー）活用とは、③-1特定機能の売却・JV化のように機能の売却や外部資本の受け入れは伴わないが、社内の業務を社外の外部パートナー企業に委託することである。

　単に社内業務を業務委託に切り替えるだけでは、業務委託の追加コストが発生するにもかかわらず、当該業務に従事していた人員が余剰人員となってしまうため、コスト削減効果につながらない。よって、BPO活用においては以下の2つのメカニズムを加えることで効果創出を狙う必要がある。

- 当該業務に従事していた人員を、社内の人材が従事すべき、より付加価値の高い別の業務にシフトする（例：事業部門に前線化）
- 当該業務に従事していた人員を逼迫度の高い業務に新たに従事させることで、稼働を平準化し、残業の低減や業務品質の向上を図る

　人材を業務委託先に転籍させる外部化は、他のオプションが社内での取り組みにとどまる点に比べ、対象機能に属していた人材の子

会社移管や転籍を伴うケースが多く、労働法上の対応や従業員のモチベーション低下、レピュテーション（評判）リスク等に留意して実行することが必要である。また、社外の外部パートナーも自社のビジネスの毀損は許容できないため、双方がメリットを享受できるよう、成長プランを描きつつ交渉を進める必要がある。

　ただし、自社にとってはノンコアの機能が、外部パートナーにとってはビジネスのコアであり、関与する従業員にとってはキャリアが広がるメリットもある。実際に外部化後に対象者へのアンケートを行うと、むしろモチベーションアップ効果が見られるケースが多い。

　繰り返しになるが、本書における組織再編オプションは以上①〜③と定義する。組織再編とは、本組織再編オプションの１つまたは複数を実行することと位置付けられる。

第 3 章

組織再編にかかる
昨今のトレンド

　本章は、第2章で見てきた組織再編オプションのうち、特に近年活発に取り組まれている持株会社化と地域統括会社設立について、実際の企業の動向も踏まえた具体的なトレンドを分析する。

● 持株会社設立にかかるトレンド

▶ 持株会社制の導入状況

　1997年の独占禁止法改正により純粋持株会社が解禁されて以降、持株会社制を導入する企業は着実に増加している。持株会社の設立件数は2006年をピークに減速したが、2010年代半ば頃には復調し、2021年には再びピークを迎えている（図表2-5）。また2022年以降も約70社が持株会社体制への移行を発表しており、堅調な状況である。

　最初のピーク後から直近までの持株会社の設立状況の増減には、どのような要因が考えられるだろうか。

　リーマンショックの影響もあり、2000年代後半以降の数年間は、持株会社の設立件数は減少した。不況下では、企業はコスト削減を実施するために合併等の求心力の強い組織再編を志向しやすい。持株会社は遠心力を利かせやすい組織体制のため、当該期間の持株会社化は減少したと見られる。

　その後、景気が回復し、多くの企業は売上拡大を目指すフェーズに入った。市場環境が急激に変化する中で、事業と地域の環境や特性に対して、より機動的に意思決定をするために、遠心力を発揮し各事業に裁量を委ねる持株会社制の導入が活発化したと考察する。

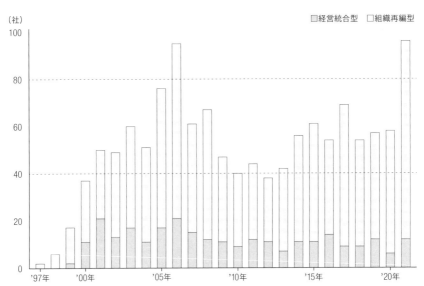

注：企業が株式移転や会社分割等により単独で持株会社を設立する案件は「組織再編型」、複数の企業が共同持株会社を設立する案件は「経営統合型」に分類
出所：株式会社レコフデータ「レコフM&Aデータベース」のデータを基に作成

　また、従来行われてきた事業の遠心力を利かせるための持株会社の活用に加え、COVID-19の影響もあり、コア事業の変革と並行して、新たな軸となる事業の獲得・育成が急務となった。その土台として持株会社制を選択する企業が増えたことが、2021年の設立件数急増の背景にあると考える。ただし、業界によって状況が異なる点については留意する必要がある。

▶ 昨今の注目トレンド
　続いて、直近数年間における持株会社関連の主要なトレンドを紹介する。

大企業による持株会社体制への移行ラッシュ
　2020年以降、売上高1兆円を超える大企業による持株会社制の

導入が相次いだ。2020年に電通（現 電通グループ）とヤマダ電機（現 ヤマダホールディングス）、2021年にソニー（現 ソニーグループ）、2022年にはパナソニック（現 パナソニックホールディングス）と日本通運（現 NIPPON EXPRESSホールディングス）が持株会社体制への移行を実施している。

　各社の発表内容によると、中長期的な視点でのグループの成長戦略の実行を目的としているように見受けられる。例えば、電通と日本通運は、持株会社体制への移行の背景・目的について、以下の通り説明している。

- 電通：「日本市場における事業変革の推進、および海外本社「電通イージス・ネットワーク」（Dentsu Aegis Network Ltd.）を中核とするグループ海外事業の成長モメンタムの維持と一層の発展、そしてこれらを包含する当社グループ総体としての持続的成長を図る上で、純粋持株会社体制に移行すべきと判断いたしました」（同社ニュースリリース 2018年12月10日）
- 日本通運：「持株会社体制に移行することにより、持株会社はグループ経営に特化することが可能となり、グループの中長期の方針の策定とその実現に向けグループ全体最適と企業グループとしての価値最大化を実現する資源の再配分と機能・制度設計を進め、グループの成長戦略を牽引いたします」（同社ニュースリリース 2021年4月28日）

　事業環境の劇的な変化に対応するために抜本的な改革が求められる中、これらの企業は、変革を推進しながらグループの持続的成長を実現するための組織体制として、持株会社制を選択している。

地方銀行による持株会社制の導入が活発化

　持株会社制は、前段で紹介したような大企業だけが取り得る組織形態ではなく、さまざまな規模やタイプの企業により採用されている。例えば保守的と言われてきた地方銀行も、地方創生に貢献する

プラットフォーマーになるために両利きの経営が求められる中、持株会社体制への移行を実施している。ここでは、変革の起爆剤として持株会社制を選択している地方銀行に注目し、関連のトレンドを紹介する。

地方銀行は以前より持株会社制を導入してきたが、これまでは地方銀行間で共同持株会社を設立する経営統合型が主流であった。金融庁のウェブサイトで公開されている銀行持株会社一覧によると、2022年4月1日時点の地方銀行による持株会社は20社で、このうち16社が経営統合型である。中には、三十三フィナンシャルグループ（三重銀行、第三銀行）やプロクレアホールディングス（青森銀行、みちのく銀行）のように、経営統合の当初から、共同持株会社設立後数年で傘下の銀行同士の合併を計画しているケースもある。2020年には特例法が施行され、同じ地域（県内）の地方銀行同士の合併は、独占禁止法の適用から除外されるようになった。地方銀行による合併や経営統合を促進する制度が拡充する中、共同持株会社の設立による経営統合は、今後もアライアンスと並び業界再編の主要な手段の1つとして活用が進むと予想される。

2020年以降は、規制緩和を背景に、単独で持株会社体制へ移行する地方銀行が相次いでいる。ひろぎんホールディングスをはじめ、十六フィナンシャルグループ、おきなわフィナンシャルグループ、北國フィナンシャルホールディングス、しずおかフィナンシャルグループ、ちゅうぎんフィナンシャルグループ、いよぎんホールディングスの計7社が持株会社化を実施している。2021年に施行された改正銀行法では、業務範囲が拡大され銀行関連業務以外の事業も提供可能となった。これらの地方銀行は、持株会社体制のもと、新規事業領域に参入し、収益源の多角化による経営基盤の強化を目指している。

持株会社体制解消の動き

　持株会社制を選択する企業が増加する一方で、持株会社体制を見直す企業も出てきている。以前よりその動きは見られたが、2020年以降も、ヤマトホールディングス、三井E&Sホールディングス、マクセルホールディングス、昭和電線ホールディングス、伊藤ハム米久ホールディングス等が持株会社体制の解消や見直しを発表している。

　適時開示やプレスリリース等の公開情報から、これまでに持株会社体制の見直しを選択したことを確認できた82社を対象に解消理由を調査したところ、大まかに以下の2つに分類することができた。

① 持株会社制が、ある程度時限的な狙いであった

　　持株会社制で予定していた提携の推進や事業売却等の構造改革施策がひと通り終了した等。

② 企業の内部・外部の環境変化に合わせて組織体制を見直した

　　事業環境が変化する中、コア事業に経営資源を集中させる必要性が出てきた／外部環境の変化により特定の事業間のシナジーが重要な局面になった／持株会社化以降に生じた機能重複の排除による経営効率化のため等。

　公開されている情報の粒度にバラツキがあり一部推察も含まれるが、今回調査した企業については、②に該当するケースが多い。なお、経営統合型の持株会社では、将来的な合併を想定して共同持株会社が設立されているケースも一定数存在するため、解消理由として①の割合が高くなる傾向にある。

　このように、持株会社体制への移行後、各社はその成果（体制移行時の目的をどの程度達成できているか等）を評価しながら、自社の戦略や事業環境の変化に応じて体制の継続または見直しを検討していることがうかがえる。

● 地域統括会社にかかるトレンド

　人口減少による国内市場の縮小を背景に海外市場に成長を求めてきた中で、地域統括会社の設置や機能の整理・高度化が行われている。海外企業の買収や既設の海外現地法人も含めた各地域の域内ガバナンスの強化や現地への権限委譲の進展による意思決定の迅速化等を狙いとしている。

▶ 地域統括会社の設置状況

最近の地域統括会社の設置状況

　　地域統括会社に関する公的統計はなく関連調査も限られているため、設置状況の全体像や実態を把握することは難しい。部分的な情報ベースとなるが、日本企業による昨今の地域統括会社の設置・活用状況について概観する。

　　2015年以降に地域統括会社を設置したことを確認できた56社について、各社の公開情報を基に地域別の状況を見てみよう。地域区分は企業により若干異なるが、ここでは「アジア太平洋」「中国」「米州」「欧州」「中東アフリカ」に分類する。

　　地域統括会社の設置件数（拠点数）の中では、アジア太平洋地域の割合が約4割で最も高かった。ヤマトホールディングス、江崎グリコ、日立建機等が調査対象期間中に同地域の統括会社を設立している。日本貿易振興機構（ジェトロ）によると、アジア太平洋地域における統括機能の設置は2010年以降増加し2016年がピークであった（ジェトロ「アジア大洋州地域における日系企業の地域統括機能調査報告書」2020年5月）。その後ペースダウンしたものの、同地域における統括拠点の設立は着実に続いていることが想像できる。

　　次いで多いのが中国で、拠点数に占める割合は約3割であった。米州、欧州の割合はそれぞれ1割強、中東アフリカ地域は1割未満という状況である。

また、過去に他地域で統括会社を設立済みであり、2社目以上を設立するケースが複数見られた。地域統括拠点を設置後、その効果についてある程度評価を行った結果、活用を拡大する企業が増えている可能性がある。

時価総額国内上位50社による地域統括会社の設置状況

　続いて、大企業にフォーカスして地域統括会社の設置状況を整理する。国内の時価総額上位50社（2022年8月8日時点）を対象に調査したところ、約7割に当たる36社が少なくとも1つの地域統括拠点を保有している。海外売上高比率が50%以上の企業に絞ると保有率は8割近くになり、70%以上の場合は8割を超える（図表2-6）。地域統括会社の保有状況は海外売上高比率と比例する傾向にあり、海外事業が主力の企業において、地域統括会社はすでに標

図表2-6　**時価総額国内上位50社による地域統括会社の保有状況**

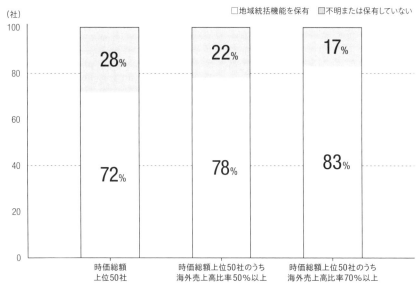

出所：時価総額国内上位50社（2022年8月8日時点）の公開情報を基に作成

準的な組織体制の 1 つになっているといえる。

　地域統括会社は保有機能の範囲によりいくつかのパターンに類型化することが可能だが、ここでは代表的な 3 つの類型「共通基盤機能型」「商流統括機能型」「戦略機能型」について、設置状況を見てみよう。地域統括会社を保有する 36 社を対象に確認したところ「共通基盤機能型」が最も多く、対象企業のうち約 7 割が、間接機能の提供を主たる役割とする統括拠点を少なくとも 1 つ保有していた。次に「商流統括機能型」「戦略機能型」が続く。また、36 社のうち 9 割が地域統括拠点を複数設置しているが、同一企業内でも拠点毎に役割や保有機能が異なる場合もある。

　グローバル戦略の進展に伴い、地域統括会社の役割も変化していくことが予想される。現状は「共通基盤機能」を担うケースが多いが、今後この状況は大きく変わるかもしれない。

▶ 昨今の注目トレンド

　続いて、地域統括会社にかかる最近の主なトレンドや注目の動きを紹介する。

グループ内組織再編の増加

　地域統括会社が関与するグループ内組織再編が増えている。

　まずは、地域統括会社の統合や機能集約を実施するパターンである。経営体制の効率化や当該地域内の連携促進が主な狙いのようだ。トヨタ自動車は、「One Toyota」の活動の一環として、2017 年に北米本社機能を集約。拠点を一元化することで、機能間の連携と効率化の推進を目指す。三菱ケミカルグループは、経営効率の向上のために、2 社ずつあった北米と欧州の海外地域統括会社を 2022 年 10 月にそれぞれ 1 社に集約した。

　また、地域統括会社を親会社として設立し、その傘下に現地子会社を設置する企業が多い。資本関係を整理して役割設定を明確化す

ることにより、当該地域子会社のガバナンスを強化することが主な目的と考えられる。日立製作所は、北米地域におけるインダストリー事業強化のために、2020年に北米統括会社を発足させ、現地子会社複数社を傘下に置く体制を発表した。SMCも2020年に中国で統括会社を設立し、新設する販売統括会社と既存子会社4社を傘下とする現地子会社再編を実施している。

地域統括会社は役割を見直すステージへ

　これまでの地域統括会社は、米国、欧州、アジアといった特定地域を管轄し、同一地域内の子会社への支援や統制を行うパターンが主流であった。しかし昨今では、海外事業全体の統括機能を経てグローバル本社の役割を担うケース等が出てきている。

　例えば、日本たばこ産業（JT）は、海外企業の買収を契機に日本事業と海外事業の2大体制を導入していたが、2022年1月に国内と海外のたばこ事業の一本化を実施した。これまで海外たばこ事業を統括してきたJTインターナショナル（本社ジュネーブ）が、たばこ事業のグローバル本社として同事業全体を運営する体制となっている。一方、電通は、2013年に買収した英国企業を主要母体とする電通インターナショナル（本社ロンドン）が海外事業を統括し、電通ジャパンネットワークが国内事業を担当してきたが、2023年1月よりこの体制を発展的に解消し、持株会社である電通グループのもと、4地域制（日本、米州、EMEA、APAC）へと移行した。上記は一例にすぎないが、地域統括拠点の設立がある程度一巡したと見られる中、グローバル化の局面に合わせて、地域統括会社の在り方や役割を見直す動きが今後さらに増えると予想される。

第 3 部

組織再編成功に向けた 10 の要諦

第 1 章

成功の要諦

🌐 環境変化に応じた不断の組織の見直し

　多くの企業が、これまでの収益の柱である事業の競争力の維持強化のための構造改革を行う一方で、次なる収益の柱としてグローバル化の加速や成長・新規領域への軸足転換を図るため、グループの経営資源やアセットを総動員して活路を見いだそうとしている。しかしながら、過去の組織再編やM&Aの積み重ねの結果として、硬直化・サイロ化された組織が継続されたままのケースも多い。組織の形の見直しが小手先のハコの変更にとどまり、中長期ビジョンや戦略の実現には一向につながらず、従業員の意識改革も進まないケースが多いのが実情だ。

　COVID-19に起因するような非連続的な経営環境の変化に対応するために、グループ組織体制についても、既存の枠組みを超えて聖域なき抜本的な見直しを検討し、戦略と一体で語ることが今求められている。すでに、一部の先行する企業においては、過去のしがらみや前例にとらわれることなく不断にグループ組織の構造改革を推進してきたことで、組織・経営体制を着実に進化・高度化させ続けている。

　例えば、ある企業においては、主力事業一本足頼みの体制からの脱却に向けて、事業多角化を企図して持株会社体制に移行した。主力事業以外に経営資源を投下して事業の裾野を広げ、個々の事業の競争力を強化した。さらに、事業環境の変化・顧客ニーズにグループ一丸となって迅速に対応すべく、グループ会社を統合し実質的に持株会社体制を解消し、経営資源を集約化して対応している。これは事業環境の変化にグループ一丸となって対応し、強固な経営体制を構築するために、グループ子会社を含めて抜本的に組織体制の在り方を見直し、グループ内の統合によ

り経営力の強化を図ったケースといえる。

　上述のケースにおいて、外形的に見れば、持株会社化により事業を分散した後に持株会社化を解消しており、持株会社化は失敗だった、結局は元の状態に戻ったと見る者もいるかもしれないが、その実態としては、事業環境の変化に迅速に対応しながら、分散化によって事業の競争力を向上させたうえで、集約化を図ることで企業グループの総合力は確実に高まっている。このように、上から見たら同じところをぐるぐる回っているように見える場合も、別の角度から見れば企業価値・組織のケイパビリティは高まっており、スパイラルアップしているのである。

　一般的に大規模な組織体制の見直しは10年に一度、あるいはそれ以上の期間にわたり、大胆な組織体制の見直しは行われていない企業も多くある。一方、環境変化に迅速に対応している企業では3～5年、長くとも5～10年の周期で事業環境の変化や経営戦略の変更に連動しながらグループ体制の在り方を不断に見直ししている。

🔵 不断の組織再編に向けたメカニズム

　環境変化に迅速に対応し不断の組織再編を通じて企業価値を高めている企業では、これらの継続的な改革を推進していくために、「①環境変化を捉えて危機感を高める」「②抜本的に組織・ガバナンス・人材をリデザインする」「③組織再編・改革を実行し定着化させる（Transform）」といったメカニズムを継続して機能させている（P.052／図表3-1）。

　ここでは、これらのメカニズムについて説明する。

▶ ① 環境変化を捉えて危機感を高める（Strategy）

　近年のめまぐるしい環境変化を踏まえても、今後はこれまでと異なるレベルでの環境変化を想定し、未知の経営課題に取り組んでいかなければ企業としての存続に関わる問題となる可能性がある。環境変化に迅速に対応していくためには環境変化に対する感知力と対応力が必

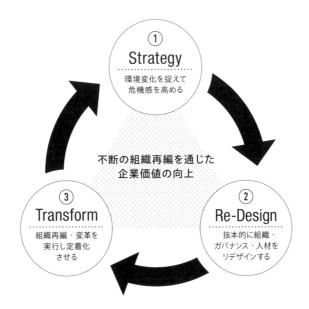

図表 3-1　不断の組織再編実現のメカニズム

① Strategy
環境変化を捉えて
危機感を高める

不断の組織再編を通じた
企業価値の向上

③ Transform
組織再編・変革を
実行し定着化
させる

② Re-Design
抜本的に組織・
ガバナンス・人材を
リデザインする

要となる。

　環境変化に応じながら柔軟に組織の在り方を見直していくうえで、まず求められることは過去から現在までの変革の成果・課題を振り返ることである。どのような企業においても過去にも組織再編を実施しているはずであり、当初の戦略的な背景と現在の戦略との乖離や組織上の課題を押さえることが重要である。その効果を振り返りながら経営課題を組織設計につなげていく。

　次に、将来に向けた経営の方向性を見定めていくことが求められる。中長期的な事業環境の変化を捉えながら自社のパーパスは何か、パーパスを踏まえたビジョン・中長期戦略のもとに、組織のあるべき方向性を見いだしていくことが求められる。

　そして、過去・現在・未来の時間軸で整理した戦略・課題を踏まえて、組織再編を通じて、どのような経営課題に対して答えていく必要

があるか、そのためにはどのような組織の在り方を目指していくのかの方向付けを行い、社内に適切な危機感を醸成することが重要となる。

▶② 抜本的に組織・ガバナンス・人材をリデザインする（Re-Design）

　特定された経営課題を踏まえたうえで、どのように組織、ガバナンス、人材を見直していくか、現状や過去の組織慣習・しがらみにとらわれず抜本的にあるべき姿を描いていくことが重要となる。

　あるべき姿を考慮したうえで、抜本的なストラクチャー変更をいとわない組織再編オプションを選択するのか否か、また組織構造だけでなく、中身としてのガバナンス体制や機能・ケイパビリティのもち方とは何か、といったハード面での組織・機能・制度の設計はまさに組織体制の骨組みであり、構想・設計上非常に重要なポイントである。

　さらには、ハード面だけでなく人材のケイパビリティ（量・質）、行動変容といったよりソフトな面で改革を促すための仕組みも含めて、構想していくことが肝要である。

　これらの組織・ガバナンス・人材のリデザインを経営課題・戦略を踏まえ、一気通貫して整合させながら構想していくことが重要となる。

▶③ 組織再編・変革を実行し定着化させる（Transform）

　最後に重要となるのは、やはり構想した姿を絵に描いた餅に終わらせないために、変革を実行し切ることである。大きな改革を伴う場合には、社内外問わずに多くの関係者を動機付けながら動かしていく必要があり、そのための強力なプロジェクト推進・リーダーシップが求められてくる。

　また、組織再編行為自体を目的化しないために、組織再編実行・実務を通じて従業員一人一人の意識を変えていくコミュニケーションマネジメントの要素をうまく織り込めるかが成功のカギとなる。有事の組織再編実行を通じて、従業員もさらに強くなっていくのである。従業員のみでなく役員層にとっても、プロジェクト経験を通じて全社的

な方向性が定まり、意思決定の質も高まっていくという効果も期待できる。

　そして、一度実行された組織再編について、「Day 1（組織再編の実行日）を乗り越えて終わり」としないためには、組織再編が実行された後も継続して効果を分析し、必要に応じてファインチューニングをしていくための仕組み・仕掛けも重要となる。さらにこの組織再編後の定期的なモニタリングを通じて、次の周期における大きな組織再編の機会もしっかりと把握していくことによって、不断の取り組みが完成する。

◉ メカニズムの実行に向けた10の要諦

　このような不断の組織再編のメカニズムを実行し続けるためには、以下の10の要諦を押さえていくことが重要となる（図表3-2）。これらの10の要諦を押さえることそのものが戦略的アプローチであり、戦略から組織・ガバナンス構築、実行と事業環境の変化を捉えながら不断に組織の在り方を見直していくことにより企業価値の向上につながると考える。

▶【要諦1】　過去の組織再編の成果・課題の振り返りから始める

　環境変化に対応し柔軟に組織の在り方を見直していくうえで、まずは過去に実施した組織再編を振り返ることが重要となる。当時の事業環境や戦略的背景と現在の環境がどのように変化しているのかを把握したうえで、過去の組織再編において期待していた戦略的な目標や組織的な変化がどの程度達成されたのか、また何が課題として残っているのかを正確に把握する必要がある。少なくとも3〜5年の周期でこれらの成果・課題を振り返り、今後の経営課題や追加的な組織再編の必要性を検討していくことが望ましい。

図表 3-2　組織再編の成功に向けた10の要諦

不断の組織再編実現のメカニズム

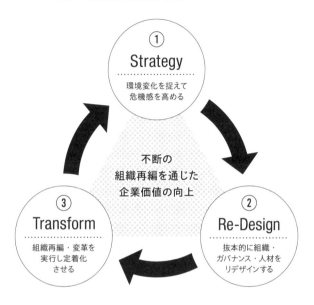

成功に向けた10の要諦

① Strategy	1. 過去の組織再編の成果・課題の振り返りから始める 2. 企業の存在目的であるパーパスから経営の方向性を定める 3. 組織再編を通じてアプローチできる経営課題を特定する

② Re-Design	4. 経営課題解決のための組織再編構想を定め合意形成を行う 5. グループガバナンス体制を組織再編目的と整合させ再構築する 6. 組織再編目的に応じて機能の配置・ケイパビリティの強化を図る 7. 組織再編後を見越した人材変革を促す制度・仕組みを構築する

③ Transform	8. 目的の完遂に向けた組織再編プロジェクトを計画・実行する 9. 組織再編成立までに変革意識を高めるコミュニケーションを行う 10. 成果創出をモニタリングし変革ケイパビリティを蓄積する

▶【要諦2】 企業の存在目的である
パーパスから経営の方向性を定める

　将来に向けた経営の方向性を定めるにあたり、企業の存在目的である「パーパス」を起点として、ビジネスとサステナビリティを大上段から融合させて、事業ポートフォリオ、ビジネスモデル・事業戦略の在り方を見直していくことが必要である。結果として、パーパスドリブンで見直された事業ポートフォリオやビジネスモデルを遂行するために、企業の組織体制として、どのような変革が必要となるかを見定めていくことが将来の組織再編の方針を定めるうえで重要となる。

▶【要諦3】 組織再編を通じて
アプローチできる経営課題を特定する

　要諦1・2を通じて、過去・現在・未来における環境認識を整理したうえで、組織再編を通じてアプローチすべき経営課題を特定していく。経営課題の特定に向けては、1．グループ経営の最適化、2．事業競争力の強化、3．コーポレートの強化の大きく3つの観点から、自社として次の数年間で優先的・重点的にアプローチすべき経営課題を特定し、どのような組織の在り方を目指していくのかの方向付けを行い、社内に適切な危機感を醸成していくことが求められる。

▶【要諦4】 経営課題解決のための
組織再編構想を定め合意形成を行う

　組織再編の構想に向けて、まずは戦略の方向性および認識した経営課題に基づいて、適切な組織再編オプションを選択していく。組織再編オプションの選択においては、各組織再編オプションで期待できる効果を考慮しながら認識した経営課題に対して必要な再編オプションを全てやり切ることが重要となる。また、組織再編の方向性が固まった段階においては、組織再編を実行することにかかるマネジメントレベルでの合意形成と組織再編をやり切るためのプログラムデザインが

必要になる。

▶【要諦5】 グループガバナンス体制を
組織再編目的と整合させ再構築する

　組織再編においては、ハコとしての組織構造の変革に加えて、組織を動かすための神経系統であるガバナンスの再構築が不可欠である。ガバナンスの見直しに際しては、組織再編の目的や戦略の実現に向けて大上段となるグループガバナンスの方針を定めたうえで、権限配置、経営機構・役員体制、会議体、経営管理・KPI、財務・収益構造、人事管理といった、ガバナンスの構成事項について、全体の整合を取りながら一気通貫して設計していくことが肝要となる。

▶【要諦6】 組織再編目的に応じて
機能の配置・ケイパビリティの強化を図る

　目指す状態で組織を運営するためには、各組織にどのような機能を置くかが極めて重要な論点であり、各機能を十分に働かせるための体制を整備し、新たなケイパビリティを具備することで機能の強化を図ることが組織再編の狙いの1つでもある。機能配置の設計に向けては、1．戦略実現に向けた機能配置方針を定めたうえで、2．機能強化・新設の構想、3．詳細な機能配置ロジック、4．人員の配置の4つのステップで設計し、関係部門と合意形成を図っていく必要がある。

▶【要諦7】 組織再編後を見越した人材変革を促す
制度・仕組みを構築する

　組織再編を成功に導くためには最終的に「人材」の変革が不可欠であり、組織構造、ガバナンス、機能といったハード面でのリデザインに加えて、人材のケイパビリティ、行動変容といったソフト面での改革が重要となる。人材の変革に向けては、必要な人的リソース・ケイパビリティの確保にとどまらず、その人材がグループ経営方針に従い

自身の能力を最大限に発揮できているかという「人材の行動変容・パフォーマンス最大化」を企図した制度・仕組みの構築が必要となる。

▶【要諦8】 目的の完遂に向けた
組織再編プロジェクトを計画・実行する

　構想した姿を絵に描いた餅に終わらせないためには、変革を実行しきることが重要であり、組織再編という企業にとって重要な変革にかかる局面においては、組織再編の計画と実行の特性を理解したうえで、プロジェクトを設計していく必要がある。「計画」「実行」「クロージング」のそれぞれの局面において、適切なプロジェクト体制を構築し、時にコンフリクトマネジメントを行いながら首尾一貫した計画のもとでプロジェクトを完遂していくことが重要となる。

▶【要諦9】 組織再編成立までに
変革意識を高めるコミュニケーションを行う

　組織再編の実行局面において、経営層および組織再編プロジェクトメンバーから、組織再編後の実際の運営を担う現場社員への適切なコミュニケーションを通じて、意識の変革や育成を行うことが、組織再編の成功のカギとなる。コミュニケーションマネジメントの推進に向けては、１. 必要性の理解、２. 変革シナリオの腹落ち、３. 自分事化、４. 自発的な行動の定着といった意識のステージに留意しながら、それを引き上げていくためのあらゆる施策を講じていく必要がある。

▶【要諦10】 成果創出をモニタリングし
変革ケイパビリティを蓄積する

　組織再編を「成立」から「成功」へ導くためには、組織再編後に自ら能動的に成果を刈り取るとともに、単発の組織再編にとどまらず、経営環境や目下の経営課題を踏まえて追加的な組織再編を不断に実施していくことが重要となる。組織再編の完了をもってプロジェクトの

終了とせずに継続して成果・課題をモニタリングするとともに、組織再編のプロジェクトを通じて構想・実行の両面で獲得した変革ケイパビリティをナレッジとして社内に蓄積しておくことが肝要である。

過去の組織再編の成果・課題の振り返りから始める

⬤ なぜ過去の変革の成果・課題を振り返る必要があるのか

　環境変化に応じながら柔軟に組織の在り方を見直していくうえで、まず求められることは過去から現在までの変革の成果・課題を振り返ることである。一般的にも、将来志向で中長期的な戦略の実行の観点から発意をもって組織再編を検討するケースは多いが、将来志向の観点だけでなく、過去から現在における組織の経営課題を特定しておくことが実効性のある組織体制の見直しに向けては重要である。組織再編・体制の見直しを一過性のものにしていない成功企業ではこの点を確実に押さえている傾向が強い。

▶ 3つの乖離

　環境変化に柔軟に対応する組織を構築するには、「3つの乖離」を正確に認識し一定の周期で見直しながら調整し続ける必要がある。どの企業においても過去にも大なり小なり組織体制の見直しや組織再編を実施しているが、①当時の事業環境・戦略的背景と現在の事業環境・戦略の乖離がどの程度生じているか（当初見通しと現在の事業環境の乖離）、②事業競争力の強化や収益性の向上といった組織再編の戦略的な目的がどの程度達成されたのか（戦略的目標と達成度の乖離）、また、③組織再編を実行したことによって企図した通りに組織が機能しているか、組織変革によって新たな組織的な課題が生じていないか（組織変革目標と現実の乖離）。これらの3つの乖離を振り返ることで、今後の組織体制の見直しが軽微な変更で済むのか、抜本的な見直しが

求められるのかの判断の１つの基準となる。

▶ 組織の癖を見抜く

　また、過去の変革を振り返ることによって、組織の「癖」を見極めることも有効である。どのような企業でも、過去から連綿と続いている企業独自の文化や力学といった土台がある中で、リバウンドをしやすい体質（変革の実行後に以前の状態に戻る傾向が強い）なのか、上意下達の傾向が強いのか、変化に対する柔軟性は高いのか等、改革といった大きな変化に対してどのように対応する組織なのかの癖を把握しておくことで、今後の組織設計における重要なインプットとなる。組織再編を検討する際に他社の事例を参考にするケースは多いが、組織風土やコンテキストが異なることで事例通りにいかないケースも多い。その意味で、過去の振り返りは自社にとって最高の事例になる。

　これらの点から、組織再編の検討をされている企業ではもちろんのこと、組織再編の検討をするかのいかんにかかわらず、過去に全社的な組織再編を行ってから数年程度期間が空いている企業においては、まずは過去の組織再編に対する振り返りを速やかに実施することを強くお勧めしたい。

🔘 どのような観点から過去の変革を振り返るか

　それでは、変革を振り返るにあたり、「３つの乖離」の視点から振り返りの観点を示す。

▶ 事業環境はどの程度変化したか
（当初見通しと現在の事業環境の乖離）

　過去の組織再編を振り返るにあたり、まずは、数年前に組織体制の見直しを実施した際の土台となる事業環境がどの程度当時と現在とで

変化しているかを認識することが必要となる。

　近年ではCOVID-19や地政学リスク、テクノロジーの進化をはじめとして、これまでにないスピードで事業環境が変化していく中で、当初の想定通りの許容できる状況であるのか、抜本的な改革が求められるような状況になっているのか、その程度を見極めておく必要がある。

　また、前回の組織体制の見直しに踏み切ったトリガーや経緯（どのような社内のコンセンサスを経て実行に移してきたのか）も把握しておくことで、次の見直しに向けて考慮しておくべき点が浮き彫りになる。

▶ 組織再編の目的はどの程度達成されたか
（戦略的目標と達成度の乖離）

　次に振り返る点で、最も重要となることは、過去の組織再編の目的がどの程度達成されているかについてである。

　組織再編の実施時において、社内意思決定の際にも、対内対外コミュニケーションの際にも、組織再編の目的を据えているはずだが、そこで目標としていたものが、定性面／定量面両方においてどの程度達成されているのか、またどのような課題が残っているかを押さえておくことが重要である。後段でも事例で記載しているが、持株会社化のような事例であれば、事業の競争力はどの程度高まったのか、グループ経営はどの程度進化しているのか、新規事業をはじめとする経営資源の配分をしっかりとドラスティックに行えているのかといった点を、当初の目的と照らしながら棚卸しをしていくことで、次の組織再編に向けた課題を整理することができる。

　また、この際のポイントとして、財務パフォーマンス面での評価も併せて実施することを推奨する。一般的に買収等のM＆Aであれば当然ながら財務的な目標があったうえで投資判断をしていることから財務面での振り返りは容易である。一方でグループ内の組織再編の場合はその点が直接的にひも付けられないケースもあり難しい点はある。

　しかしながら、時価総額や経営指標（売上、利益、構成比）が組織

再編を前後としてどの程度変化しているのかを押さえておくことで、組織体制の見直しによる効果も間接的には評価することができる。例えば、分社化によって事業の自律性を高めて収益性を向上させていくという目的であれば、事業毎にどの程度収益性が向上しているのか、また、自律経営の結果としてどの程度の成長投資が事業の発意によってなされたのか、結果として、事業の売上・利益はどの程度向上したのか、グループ経営としての事業ポートフォリオ・売上構成はどのように変化したのか、このような点を組織再編の施策とひも付けながら振り返ることが有効である。

▶ 改革によって組織はどのように変化したか（組織変革目標と現実の乖離）

最後に、過去の組織変革によって、組織がポジティブな面、ネガティブな面も含めてどのように変化してきたのかについても、振り返る必要がある。

大規模な組織再編を実施する際には、事業の意思決定スピード、自律性の強化や、監督と執行の分離、グループ経営の高度化といった組織的な変革の意図・目的をもって改革を実行されている。しかし、実際に改革の前後において、対象となる組織の役割・ケイパビリティはどのように変化したのか、またガバナンスの面で意図しているような成果が得られる制度・ルールが整備されて運用されているのか、人材（マネジメント・従業員ともに）の観点から、どのような成長が実現できたのか、そして、組織風土・カルチャーは改革によってどのように変化したのか。

このような観点で振り返ることによって、組織・ガバナンス・人材、風土上の成果と課題を再確認し、次の組織再編に向けた組織上の課題を特定しておくことが重要である。

⦿「乖離」が生じている典型的な事例

これまでの経験から、実際に大きな組織再編を実施してから3〜5年後に振り返った場合、想定よりも大きな「乖離」を改めて認識するケースは多い。ここでは典型的な事例を紹介したい。

▶ 事例1：多角化を目的とした持株会社化後の事業環境変化

収益構造として主力事業が大半を占めており実質的に一本足の経営となっている状況から、将来の事業環境の不透明さを苦慮して、事業ポートフォリオを安定させるために、事業の多角化を目指し、主力事業も含めて事業を分社化し持株会社と事業会社とでミッションを分離した。

その後、グループ経営を行う中で主力事業以外への経営資源配分も行いながら、徐々に主力以外の事業も成長し、一定の効果は得られた。

一方で、主力事業を支える規模までの成長には至らず、各事業に経営リソースが分散化されて組織のサイロ化が進み、グループ全体としてのシナジー創出を阻害するような状況が生まれた。

その中で、主力事業自体が事業環境の変化を受けて、集中的に経営リソースを投下する必要が生じた。

▶ 事例2：本社機能スリム化後のリバウンド

事業環境の劇的な変化から、全社的な筋肉質化への変革が求められており、本社組織の抜本的な改革を実施した。具体的には、事業への前線化、SSC（Shared Service Center）への集約・外部化も含めて本社機能の配置を見直し、スリム化を実現した。

一方で、改革後数年がたつ中で、機能を分散したことにより、本社としての求心力・ケイパビリティが低下したため、本社の機能・要員を拡大。同時に事業側も自律経営に向けて間接機能を拡充したことにより、グループ全体として管理間接部門が肥大化してしまった。

◐ 一般的な持株会社化の場合における 振り返りの視点の事例

　次に、具体的な事例として、一般的な持株会社化を実施した企業における振り返りの事例を示す。

　持株会社化を実施する際に一般的には事業の自律性の向上とグループ経営の高度化等を目的に据える場合が多い。事業の自律性の観点からは、事業の意思決定のスピードや事業固有の基盤・整備の状況、また事業に自律性を任せる中で経営人材の育成にどの程度寄与しているのかといった点を振り返る。

　グループ経営の観点からは、①持株会社として事業に対して適切に監督・牽制を利かせることができているのか、②持株会社としてグループ全体・中長期的な観点で経営資源を配分していくために、事業にひも付かない新規事業の成長がどの程度実現したのか、③M&Aや投資といった、非連続的な成長に向けた大きな投資を完遂できているのかといった点が重要となる。

　また、それらの結果として、定量的な財務パフォーマンスと事業の売上や収益性がどの程度向上したのか、グループ全体としての事業ポートフォリオのバランスはどのように変化したか、グループ全体のROE（Return On Equity、自己資本利益率）やROIC（Return On Invested Capital、投下資本利益率）、ひいては時価総額といった経営指標が競合他社に比べてどの程度向上したのか、といった点を持株会社化の効果とひも付けながら分析していくことが重要となる。

◐ 過去の変革の振り返りの進め方

　上記で述べた過去の改革の振り返りを社内においてどのように進めるかについて触れたい。

多角的な視点から当初目的の達成度・残課題と環境変化による新たな経営課題を特定

検討の視点（例）

財務パフォーマンス向上	・時価総額はどの程度上がったか（市場・競合との比較） ・全社的な経営指標は向上したか（ROE、ROIC、売上・利益） ・各事業がどの程度成長できたか（売上、利益構成比）
事業の自律性向上	・事業がスピード感をもって意思決定を行えたか ・事業独自の経営基盤・制度の構築は進んだか ・経営人材が各事業から育成・輩出されているか
グループ経営の高度化	・HD側が事業に対し適切な監督（牽制）をできていたか ・中長期・全社目線で適切な投資を行えたか ・R&D・新規事業開発によって十分な成果が出せたか ・M&Aによって非連続的な成長を牽引できたか
経営環境変化への対応	・事業環境変化による新たな事業機会・リスクは何か ・環境変化を踏まえた経営課題・組織上の課題は何か

検証

持株会社体制レビューのサマリーイメージ

当初目的に対して達成できたこと	持株会社化で残った課題

経営環境変化等を踏まえた新たな課題

▶ 振り返りの実施タイミング

　まず、振り返りの実施タイミングについて、過去に組織再編を実施して以降、少なくとも3年経過した時点においては腰を据えた振り返りを実施することが望ましい。3年の根拠としては、昨今の事業環境の変化速度を踏まえると前提となる事業環境が大きく変化している可能性があることに加えて、戦略目標・組織の観点での効果を発現していくには一定の期間を要することから1～2年程度ではまだ道半ばの可能性がある。また、中期経営計画を3年周期で改定している企業も多く、このタイミングで組織再編の観点からの振り返りと今後の方針付けを検討するうえで適切なタイミングと想定する。

▶ 振り返りの実施主体者

　振り返りの実施主体は経営企画部門と経営陣でクローズドに実施するケースが多い。ここで重要なことは、単に経営企画部門による実施だけにとどめず、経営の場で報告を行い、経営陣で共通の認識をもつことである。

▶ 振り返りの際の留意点

　最後に振り返りの際には、可能な限り定量的・具体的なファクトをベースに振り返りを実施すること、またあくまで過去の振り返りであり批判的な指摘としないことは特に留意いただきたい。

企業の存在目的である
パーパスから経営の方向性を定める

⬤ 組織再編の前提としての
経営戦略と立脚点としてのパーパス

　組織再編は通常3〜5年、あるいはより先のグループのありたい姿を目指す手段として構想・実行される。よって、組織再編の前提として中長期目線での経営戦略が本来あるはずである。

　一方で実際には、そういった戦略の明確化・具体化が置き去りとなったまま、短期的な課題感から、組織のハコを変えることありきの検討となってしまっているケースも少なくない。そのようなケースでは、なりたい姿のよりどころがないため各種設計のコンセプトが定まらず、関係者や現場の納得感がなく組織再編を実行して終わりとなってしまう。

　よって、まずは一歩立ち止まり、中長期を見据えたグループの在り方、事業ポートフォリオやビジネスモデルの在り方を、経営から現場までが腹落ちし得る形で改めて明確化しておくことが重要となる。そのためには、経営戦略の立脚点となるパーパスを起点に組織再編を捉える必要がある。

⬤ パーパスの必要性

「ROEとESG（Environment・Social・Governance、環境・社会・ガバナンス）の関連性を示してほしい」「サステナビリティ目標と事業戦略のつながりを示してほしい」等、資本市場をはじめ、企業に対してビジネスとサステナビリティの融合を求める声が急速に高まりを見せている。一方、ではどうなったら正解なのか、社会全体で共有し得る明確

図表 3-4　ビジネスとサステナビリティの関係の変化

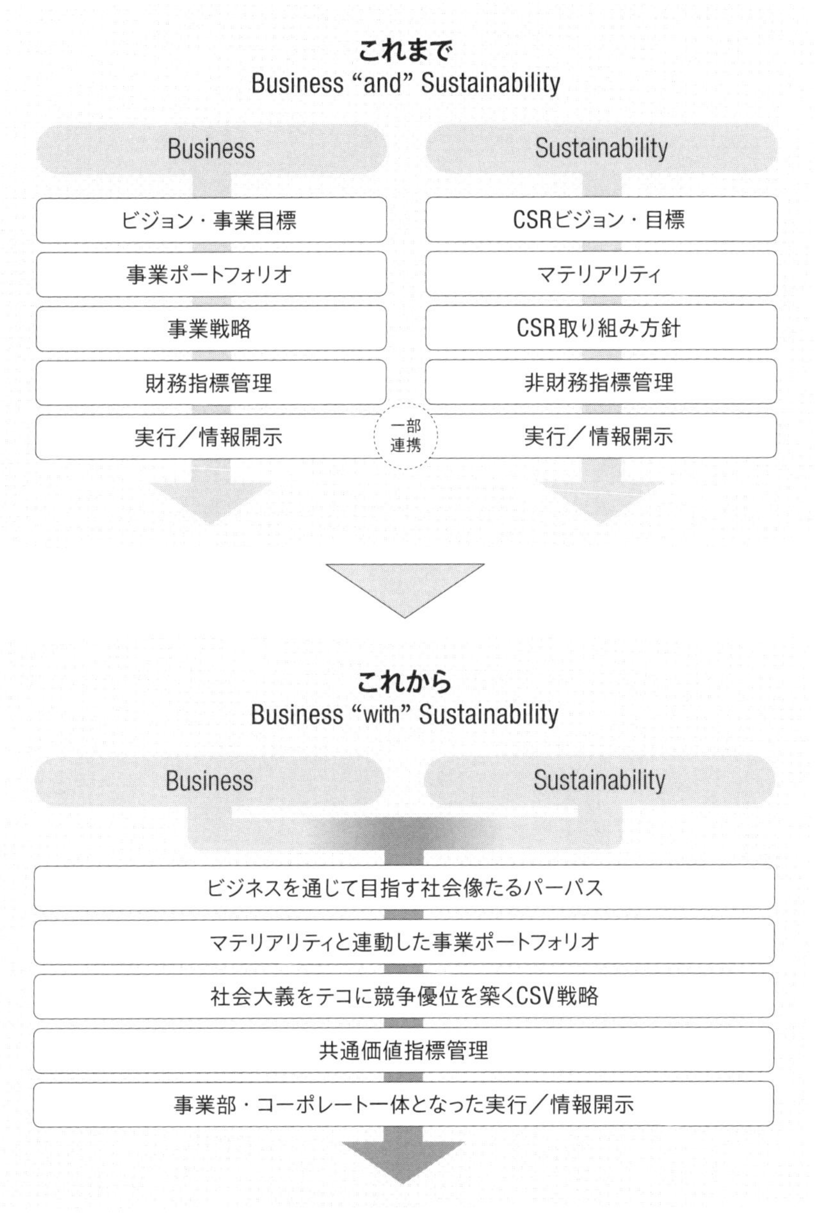

これまで
Business "and" Sustainability

Business	Sustainability
ビジョン・事業目標	CSRビジョン・目標
事業ポートフォリオ	マテリアリティ
事業戦略	CSR取り組み方針
財務指標管理	非財務指標管理
実行／情報開示	実行／情報開示

一部連携

これから
Business "with" Sustainability

Business	Sustainability

- ビジネスを通じて目指す社会像たるパーパス
- マテリアリティと連動した事業ポートフォリオ
- 社会大義をテコに競争優位を築くCSV戦略
- 共通価値指標管理
- 事業部・コーポレート一体となった実行／情報開示

な解はまだないといえるだろう。自社として、これまで別々で考えていたビジネスとサステナビリティを大上段から融合させた戦略ストーリーを明確に社内外に示し、能動的に対話を仕掛け、相互に理解を深めていくことが強く求められている。その際に軸になるのが、ストーリーの出発点たる「パーパス」だ。社会における自社の存在意義を改めて明文化することで、長期変革に向けた指針とすることが重要である。

世界最大の資産運用会社、ブラックロックのCEOラリー・フィンク氏も、2018年、S&P上場500社の経営トップに対して、「企業は財務業績を示すだけではなく、明確な社会的目的（ソーシャルパーパス）を果たすことを、社会から求められている」といった内容の書簡を送っている。

パーパスとは語義通り、企業の存在目的を示す言葉である。従来「ミッション」という言葉が使われてきたが、ここで言うパーパスとは、ミッションの中でも特に「自分たちは社会に何を働き掛けたいのか」という点に重心が置かれたものである。

BIOTOPEの佐宗邦威氏によれば、「我々は〜を欲す（目指す）」と社会変革を志すミッションはパーパス型、伝統産業のように「我々は〜であり続けるべし」と社会の中で文化の創造や保全を目指すミッションはアイデンティティー型、と定義される。もうけることは「目的」ではなく「手段」であり、もうけを原資として、その企業にしかできない社会変革を仕掛けて実現することが、企業の存在目的＝パーパスであり、それが強く求められる時代になっているのである。

● パーパスを軸とした経営の先進事例

パーパスを軸とした経営変革は、2000年代前半から欧州の企業を中心に行われてきた。その代表格の1社がスイスの食品大手、ネスレである。ネスレは「生活の質を高め、さらに健康な未来づくりに貢献する」をパーパスとしている。1860年代当時、同社の粉ミルクで乳幼児の栄

養不足・死亡率を改善し、事業を成長させた原体験をパーパスとして設定・明文化したのである。

同社は2005年、世界で初めてCSV（Creating Shared Value、共通価値の創造）に取り組んだことでも知られている。前述のパーパスを原点に、「栄養」「水」「農村開発」の領域に内在する30個以上の社会問題を特定、各問題に定量目標を設けて製品戦略と連携させ、CSVを実践した。パーパスを起点にポートフォリオを変革し、社会に貢献しながら長期成長を成し遂げた好例といえる。

ネスレは自社の存在意義を「再認識」したパーパスだが、フィンランドのエネルギー企業、ネステのように社会の変化の中でパーパスを「再定義」するケースもある。同社は1948年の設立以降、50年以上にわたり国内エネルギーインフラの主翼を担ったが、2000年代の原油市場の低迷、欧州連合（EU）の新たなCO_2排出規制等の影響で、営業利益率が大幅に低下し、企業価値も半減した。

既存事業領域だけでは生き残れないと考えた同社は、自社のパーパスを「Creating a healthier planet for our children」と定義し、ポートフォリオをバイオ燃料分野等の新規事業領域に抜本的に転換した。結果として利益率は改善し、株価も過去5年で300％上昇するまでになった。

ネスレとネステ、両社に共通するのは、その企業ならではのユニークさと、社会変革を世界に訴えかける共感力の双方が備わったパーパスを定義している点にある。両社は現在も、パーパスをベースに事業ポートフォリオやKPIを再構築しつつ、投資家、顧客、社会等さまざまなステークホルダーとの対話を継続し、経営を進化させ続けている。

日本企業がパーパス主導型になりきれない 2つの理由

日本には「売り手よし・買い手よし・世間よし」の「三方よし」の文

化があり、多くの企業が自社と顧客、社会の三方を視野に入れた理念に基づき、長期的な経営を志向してきた。100年以上続く老舗企業の数は、世界各国・地域に比べて圧倒的に多い。では、多くの日本企業において、今、世界で求められているパーパス主導の経営が以前から実践されてきたといえるのだろうか。残念ながら、答えはノーである。パーパスに通じる実践知をもっていても、その強みを経営に生かし切れていないからだ。理由は2つある。

第1の理由は、パーパスの中身の問題である。前述の通り、パーパスは中長期的な社会変革を志したもの、言うなれば「大義」である。しかし、日本企業の場合、「自社はこうありたい」というアイデンティティー型を軸とする経営理念を定めるにとどまっているところが依然、多数派である。

また、成り行きではとうてい至ることのできない挑戦的な社会像を掲げることも重要なポイントである。そのようなパーパスが足元の戦略の視座を引き上げるのであり、ステークホルダーからの熱狂・共感を呼び込む。このまま社会が進めば成り行きで実現されそうな、あるいはすでに実現しかけているような社会像では訴求力が弱い。

そして、その企業ならではのユニークさが表されたものであるべきである。特に複数の事業をもつ企業であるほどパーパスは抽象的・総花的になり、社名を隠せばどの企業のパーパスか見分けがつかない状況に陥りがちである。

第2の理由は、パーパスの事業戦略への生かし方にある。パーパスは、それに沿った事業ポートフォリオを再構築してビジネスモデルや経営管理を変革し、これらを一連の戦略ストーリーにしていくことで初めて自社の社会的価値向上につながる。ところが、日本企業では、パーパスの定義自体が目的化した結果、事業戦略への落とし込みまで至らず、事業戦略がパーパスに沿わなくなっているケースが少なくない。このような状況では、SDGs（Sustainable Development Goals、持続可能な開発目標）やGX（Green Transformation、グリーントランスフォーメー

ション）への貢献をパーパスとして示してみても、投資家から矛盾を指摘されかねない。

日揮HD、伊藤忠商事のポートフォリオ変革

もちろん日本にも、パーパス主導のポートフォリオ変革に正しく取り組んでいる企業もある。例えば、プラント・エンジニアリング企業の日揮ホールディングスは、2021年に発表した2040年ビジョンにおいて、自社のパーパスを「Enhancing planetary health」とした。石油・ガスプラント建設等を主力事業としてきた同社が、世界的なエネルギーシフトを背景に、その存在目的を見つめ直しているのが分かる。今後はこのパーパスを軸に、資源循環を含む環境保全や医薬品製造プラント、スマートホスピタルといったヘルスケア分野に、事業ポートフォリオの転換が図られるはずである。

また、総合商社の伊藤忠商事も好例といえる。同社の経営理念はまさに「三方よし」だが、2021年の中期経営計画では、「三方よし資本主義」というキーワードを掲げ、SDGsへの貢献、取り組み強化を打ち出した。その実現に向けて、「2040年オフセットゼロ」や一般炭権益からの完全撤退を一早く決断し、同社の強みである循環型ビジネスをこれまで以上に主導的に展開させ、バリューチェーンの強靱化に努めていくとも表明した。理念を理念だけで終わらせず、事業ポートフォリオの転換やバリューチェーン変革の礎とした。

こうしたパーパスを起点に事業ポートフォリオを再構築する動きは、企業価値を利益だけでなく社会的な存在価値も含めて評価するトレンドと重なり、今後も加速するだろう。

パーパスを起点とした戦略展開

では、このようなポートフォリオの再構築を実現するためにはどうすれ

ばよいのか。パーパス主導で事業ポートフォリオと各事業の戦略・ビジネスモデルを変革するパーパスドリブンPX（Portfolio Transformation、ポートフォリオ・トランスフォーメーション）が1つのヒントになると考えている。

　図表3-5に示すように、パーパス、事業ポートフォリオ、各事業の戦略・ビジネスモデルを個別に考えてはいけない。これらはマテリアリティ（自社にとって重要な社会課題）を軸に互いに連携し、「行ったり来たり」しながら検討を重ね、徐々に一連のストーリーとして紡ぎ上げていくことが重要である。

　パーパスは、前述の通り「自社が実現を目指す社会」を語るものである。自社のこれまでの存在意義、これからへの意志、外部環境の変化を捉え、自社らしさを伴った引きのあるメッセージに落とし込むことが重要である。

　次に事業ポートフォリオは、パーパスに込められた社会価値を加味して再定義する必要がある。具体的には、ポートフォリオ管理の評価軸の置き方、そしてポートフォリオに含まれる各事業ドメインの定義の仕方である。

　前者でいえば、従来、事業ポートフォリオは市場の成長率や占有率等経済的価値の軸で評価されることが常だったが、もはやそれだけでは十分とはいえない。例えばパーパスとの合致度合い等、社会価値の軸を取り込んでいくことが重要になる。そして、後者でいえば、従来、顧客セグメントやソリューションの切り口で定義されていた事業ドメインに、新たに社会課題解決の切り口を加味する動きが出てきている。例えば、パーパスの実現に向け、特に解決が必要な社会課題に注目し、「脱炭素事業領域」や「サーキュラーエコノミー事業領域」といった事業ドメインへ再定義するイメージである。

　これらは、社内外に対して明示的にパーパスとビジネスのつながりを示すだけでなく、日々の事業活動の視点が顧客課題から社会課題へと引き上げられ、一人一人の従業員が自律的に事業拡大を模索するような行

図表 3-5　パーパスに基づくポートフォリオ変革アプローチ

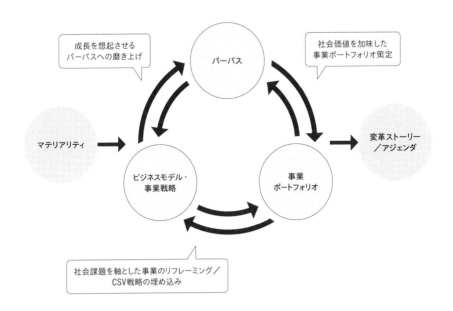

動様式の変化にもつながり得るだろう。

　そして、事業ポートフォリオの変革に合わせて、個別事業のビジネスモデル・戦略も当然見直される。ここで1つのキーワードとして挙げられるのが「リフレーミング」である。これまで顧客セグメントやソリューション毎にサイロ化していたビジネスモデルの枠を取り払い、前述で再定義した事業ドメインのもとに、新たなシナジーを見込み得るビジネスモデルへ再編する考え方である。例えば、国内のある大手IT企業は、従来の業界担当縦割りの事業ドメインでは得られない事業シナジーを生み出すために、循環型社会や情報セキュリティといった社会課題を軸とした事業ドメインを定義し、ビジネスモデル・戦略のリフレーミングを進めている。

　加えて、欠かせないのはCSV戦略の埋め込みである。着目する社会課題の新しさ、解決策の新しさ、目標水準の高さ等を足掛かりに競争優

位性を築く視点がヒントとなる。こちらの詳細は、モニター デロイトが2018年に出版した『SDGsが問いかける経営の未来』（日本経済新聞出版）を参照されたい。

このような個別事業の見直しを経て、「これらの事業を追求していったその先に、本当に当初掲げたパーパスの実現があるのか」という視点で改めてパーパスをチューニングする。そして、必要であれば改めて事業ポートフォリオを見直す。このような検討サイクルを何度も回し、徐々に腹落ちするストーリーを形成していくイメージである。

以上のステップを踏んでいけば、パーパスと事業活動が論理的に結び付き、自社の経営戦略に実装できるようになる。社会に貢献しながら、長期的な成長を実現することが可能になるだろう。

● 足元にパーパスの本質を問い、企業としての未来を拓く

本要諦の最後に、ある日本を代表するエレクトロニクス系コングロマリット企業での一幕を紹介したい。

長年培った技術力をテコに、広範なソリューションをグローバルに展開する同社は、スマートシティーに関連する事業で欧米企業に負け続ける日々に危機感を抱いていた。「個別の製品や技術を売る我々に対して、欧米の競合他社はパーパス（社会像）を売る」「1事業で戦う我々に対して、彼らはエコシステムで『面』の戦いを仕掛ける」——。では、なぜ自社はそれができないのか。突き詰めた先にあったもの、それがパーパスであった。幾度となく「高尚な」パーパスを模索しては形骸化を繰り返したこの企業が、本質的かつ内在的な動機の下にパーパスを渇望し、動き出した瞬間であった。

パーパスブームの世の中に同調し、耳に心地よいパーパスをつくることは、実は難しくない。あえて足元に問うこと。これこそがパーパスの本質であり、企業としての未来を拓くうえでの挑戦にもなり得るだろう。

要 諦 **3**

組織再編を通じてアプローチできる
経営課題を特定する

● 組織再編でアプローチすべき経営課題

これまで述べてきた通り、過去の組織再編を振り返るとともに、自社のパーパスを問い、中長期の戦略から導かれる経営課題は何かを特定することが組織再編の構想に入る前に必要である。では経営課題の解決において組織再編が有効なアプローチとなるのはどのようなケースなのかを考えてみたい。

▶ 1. グループ経営の最適化

事業のグローバル化や多角化を推進した結果、グループ経営の重要性はますます高まってきている。グループ経営の効率性を向上させるために組織・ガバナンス面での最適化が求められている。具体的な課題としては、経営資源を最大限に有効活用するための「事業ポートフォリオの最適化」、複雑化したグループ構造であっても意思決定の品質を担保するための「意思決定の質・スピードの向上」、グループ内に散在している事業機能を効率化するための「機能重複排除によるグループ体制の効率化」が挙げられる。

1.1. 事業ポートフォリオの最適化

1.2. 意思決定の質・スピードの向上

1.3. 機能重複排除によるグループ体制の効率化

▶ 2. 事業競争力の強化

厳しい事業環境にさらされながら前線で運営を強いられている事業部門を、いかにグループとして支えていけるかがポイントであり、事

業部門が有しているポテンシャルを最大限生かせる組織・ガバナンス面での仕掛けが必要である。具体的な課題としては、事業部門が競争環境に応じて自らのリソースを最大限活用するための「各事業の自律性の向上」、事業運営にあたるために必要となるリソースをグループ内で融通し事業部門に補完するための「コア事業への集中・リソースシフト」が挙げられる。

2.1. 各事業の自律性の向上

2.2. コア事業への集中・リソースシフト

▶ 3. コーポレートの強化

　事業運営を後方で支える本社部門についても、事業構造の変化の結果、機能の不足や機能の肥大化、それに起因する業務の品質低下等が起こっている。グループ経営において抱えている課題を解決できる本社部門に変化していくことが求められている。具体的な課題としては、従来事業の延長線上になく既存の事業部門ではアプローチすることが難しい「新規アジェンダの推進」、本社部門が発揮する価値に応じて適正な業務単価と機能配置を実現するための「本社固定費の適正化」、事業側の最新のニーズに応えるために新しい機能を具備したり業務サービスの品質を高めたりするための「コーポレート機能強化・事業へのお役立ち向上」が挙げられる。

3.1. 新規アジェンダの推進

3.2. 本社固定費の適正化

3.3. コーポレート機能強化・事業へのお役立ち向上

◉ 1.1. 事業ポートフォリオ

▶ 戦略に適合した事業構造の追求

　グローバル先進企業では、パーパスに基づいて注力すべき事業活動を再定義し、その時々の事業環境に応じて事業を入れ替えるポート

フォリオマネジメントを積極的に行っている。事業の多角化とグループ経営の深化を進めてきた日本企業においても、グローバル企業同様にポートフォリオマネジメントの重要性が高まっている。

　従来の日本企業では、自前の事業であろうと買収して獲得した事業であろうと、事業として収益を生んでいる以上は手放すことはなく、また赤字が続くような課題事業はその収益性の低さゆえに売却に至らずにずるずると保持していた現状があった。一方でグローバル先進企業はその時点での事業の収益性にかかわらず、事業の戦略適合性と将来性に応じて黒字事業であっても売却に踏み切っている。従業員の雇用や事業撤退にかかる費用や手間を考えると、外部プレイヤーへの売却は必ずしも悪い選択肢になるわけではなく、事業の収益性次第では十分な売却益を確保しそれを原資に新たに注力すべき事業への投資に充てることができる等、メリットを享受することもできる。日本企業においても自社事業の売却もいとわず、自社の戦略に適合した事業構造を追求する動きが出ている。

▶ 最適化の手段としてのM&A・アライアンスの活用

　日本企業でも、解決を試みる社会課題を示し、その課題解決を実現するためのエコシステムを構築することが求められる。必ずしも自社だけでエコシステムを形成することが簡単ではない中で、アライアンスを含むM&Aの活用が頻繁に行われるようになっており、もはやグループ経営を考えるうえではM&Aは必須の手法となりつつある。M&Aを多用する狙いはやはり事業ポートフォリオの最適化にあると言っても過言ではないだろう。自社の経営資源の活用や自社事業の持続的な成長だけでは競合他社との競争に勝つことは難しく、買収により時間を買い非連続的な形で事業の強化を図ることができる。また、自社のノンコア事業や機能を外部化する売却の重要性も高まっている。日本企業も、グローバルでの事業ポートフォリオ最適化のために買収と売却を自在に使い分けることが要求されているのである。

▶ ポートフォリオマネジメントを実現する3つの要件

　ポートフォリオマネジメントを適切に実行、言い換えると買収と売却を自在に使い分けるためには、組織として具備すべき要件が3つある。各事業の資産やパフォーマンスを見える化し管理するためのグループ事業管理機能、買収により手に入れた事業を自社グループに組み込む受け入れ機能、売却を容易に実施するために組み替えの可能性に応じて事業や機能別等の必要な単位に分けておく分社型組織の3つである。以下それぞれについて詳述したい。

グループ事業管理機能

　まず、1つ目のグループ事業管理機能がM&Aの活発化において重要であることについては言うまでもない。各事業がどのようなパフォーマンスを示しているのか、それが市場においてどのような評価を受けているかを把握する。自社にとっての事業のコア・ノンコアを判断しノンコアについての対応を検討することから売却の可能性は出てくる。自社にとってはノンコア事業であっても市場では高い評価をされていることもあり、その場合は当該ノンコア事業を高く売却するシナリオを描くことができる。自社の事業の良し悪しやパーパス・ビジョンとの整合性等を客観的に評価し、場合によっては売却の可能性を検討することが必要なのだ。

受け入れ機能

　2つ目の受け入れ機能は、外部から獲得した業務も組織風土も異なる事業体をグループにフィットするように収めるための機能である。現に、持株会社や中間持株会社、地域統括会社は新たな事業を傘下に収めるための資本関係上、親会社として活用されている。事業領域が同じだからといって従来有している既存事業部の傘下子会社に買収した事業を配置すると、両組織間に上下関係が生まれてしまい買収された事業が力を発揮できないリスクがあることに加え、

買収した事業の資産や能力を掘り起こしグループワイドで活用する
機会も限られるだろう。持株会社等が親会社として買収した事業を
収め、必要に応じて資本関係上も親子の関係性をつくることで、既
存事業との間でも健全な関係となるようコントロールすることがで
きる。また、PMI（Post Merger Integration、M&A後の統合プ
ロセス）を受け入れ機能が統括して進めることで、買収後に当該事
業が放置されないことも期待できるはずである。

分社型組織

　３つ目の分社型組織は、事業毎に組織にミシン目を入れるように
切り分けておくことで、各事業の収益性等のパフォーマンスを適切
に評価し経営管理が容易になるのに加えて、将来的に事業の売却可
能性が出てきた際に円滑にカーブアウトできるようになる。グルー
プの組織構造として持株会社制をとり、傘下事業を事業毎に分社し
持株会社傘下に配置するといったケースが具体的に考えられる。社
内組織であるビジネスユニットや事業部としておくのではなく、実
際の法人格も事業別に分社化しておくことで、有事における事業の
売却はかなり容易に実行できる。事業の分社が難しい場合において
も、管理会計上の事業別PLやBS管理の精度を高めておくことも有
効である。

▶ 3つの要件の具備

　これら３つの組織要件を当初から具備できていることはほとんどな
い。特に２つ目の受け入れ機能は、その実現をミッションとした組織
を有していないといけない。ポートフォリオマネジメントの促進に向
けて３つの組織要件を満たすために組織再編することが選択されてい
る。

1. 2. 意思決定の質・スピードの向上

▶ 適時・適切な意思決定

　事業のグローバル化の加速や技術の革新等により経営環境がよりダイナミックに変わっている中で、グループ経営において求められる意思決定の質・スピードは従前に比べて大きく向上することが求められている。昨今であれば例えばウクライナ情勢に起因するサプライチェーンの断絶やCOVID-19環境下で起きた従業員の働き方の急激な変化等は、どのような企業においても無視できるものではない。それらの不確実な要素に迅速に適切に意思決定をしていくことが標準的なふるまいとして求められており、一歩間違うと大きな問題になりかねないのである。

　適時・適切に意思決定をしていくためには、適切な人間が適切な情報を基に適切な範囲で意思決定する仕組みが必要となる。経営環境の変化に応じて、そのような意思決定の仕組みを実現するための体制を整えること、これが組織再編を通じて成し遂げたいことになる。

▶ 個別最適と全体最適

　では具体的にはどのようなケースにおいて意思決定の質・スピードが低下するのであろうか。それを考える視点として「個別最適の視点」と「全体最適の視点」がコンフリクトするケースで考えてみたい。

　ある電気電子部品メーカーでは、自動車向けの部品の他に産業用機械の部品等それ以外の事業を有しており、安全性基準や環境規制の厳しい自動車向けの部品では安定性の高い品質が要求されている。一方で、他の産業機械等の部品ではサプライチェーン断絶による品不足が起こり商材の確保が要求されていたとする。この場合において自動車向け部品の事業部では完璧に当初の要求仕様をクリアするかどうかが事業運営上の意思決定に影響を及ぼすのだが、他の産業機械等の事業部では当初の要求仕様から変更の調整をし、必要最低限の仕様を満た

す商材でも供給すべきだったのかもしれない。そしてグループ全体の収益を考えると、自動車向け部品を他事業用に転用するといったことで、より収益貢献ができるのかもしれない。このように、意思決定においては「個別最適の視点」と「全体最適の視点」が一致しないものである。個別最適と全体最適を同時に追求しつつ、どちらをどこまで優先するか、スピード感をもって検討できる枠組みが必要になる。

　個別最適を追求するためには、事業部や地域統括会社、海外現法等に事業や地域の固有性を踏まえた意思決定ができるように権限委譲することになる。一方で全体最適を追求するために、グループワイドの課題や前述のような個別の視点ではトレードオフになるような課題をグループから吸い上げ、検討することが必要になる。グループ本社に対しては、このような全体最適を追求するための検討機能を配置するとともに、それを意思決定する経営機構を具備するような動きを、組織再編を通じてとることを考えていきたい。

1.3. 機能重複排除によるグループ体制の効率化

▶ 事業成長による機能重複の発生

　経営の軸足が単一事業ではなく複数の事業に立脚するグループ経営を志向する会社では、グループ内において似たような間接機能が各所に分散して配置されているケースが見受けられる。多くの場合は、機能重複によりグループ全体で見ると業務運営が非効率になっていると思われる。

　特にM&Aにより海外企業を買収し対象会社を自社グループの傘下に収めたケースではグループ内での機能重複が顕著に残っていることがある。買収後に事業や業務の統合（PMI）が行われなかったために、買収側と被買収側それぞれに本社機能を有する状態となっており、多くの場合は間接機能が旧体制のまま両本社に属する形で置かれている。さらに望ましくないケースになると、過去何年にもわたり買収してき

た複数の海外子会社のPMIをなおざりにした結果、事業エリア別に複数の本社機能があり、似たような間接機能がグローバルで見るとあちこちにあるということになる。

経理、人事、IT、総務、法務等の間接機能はサポートする事業やエリアによってその特性が異なることもあるため、同じ機能であっても各拠点間で適切に役割分担されているのであれば問題ない。しかし、間接機能は事業やエリアのニーズに応えていこうとするあまり、どうしても自組織を拡大しがちである。大まかな役割分担は守れたとしても各拠点の間接機能は肥大化する傾向にあるため、グローバルで横ぐしを刺して機能毎に強力にガバナンスを利かせることが求められる。

さらには、近年では業務を国やエリアをまたいで集約・移管し、人件費の安いエリアで集中的に担ったり、当該業務に強みをもつ新興国に立地するBPO（Business Process Outsourcer、ビジネス・プロセス・アウトソーサー）を活用したり、といったことまで考えねばならない。これらの取り組みに着手するには、少なくともグローバルでどのような機能がどの範囲で業務を担っているかを見える化することが求められる。

重複可能性がある機能を組織再編により統合し、組織を一本化したり本社部門にかかるガバナンスを一本化したりすることは大変有効である。そもそも組織やガバナンス面で統合し集約化して見える化しないと、機能重複による課題をあぶり出すことは難しく、結果として課題解決に向けた施策を適切に打ち出すことが難しいのである。

● 2.1. 各事業の自律性の向上

▶ 事業運営において求められる自律性

新興のプレイヤーが事業の垣根を越えて事業参入する等競争環境が複雑化している中で、事業部門が事業環境に基づき自律的に事業運営できることは理想的といえる。そのためには、自らの事業を守り成長

させるために十分な裁量を与えられ、存分に事業運営に当たれること
が要件になる。しかしながら、どこまでを事業部門に委ねてよいもの
なのか、その線引きに難しさがある。

▶ 適切な責任と権限の付与

では自律性を発揮するための裁量の付与とはどのように実現すべき
なのだろうか。まずは責任権限規程の見直しで、事業部門において求
められる決裁の実態に応じて適切な決裁権限が付与されているかを検
討すべきである。事業の進出・撤退や商品の改廃等、事業部門での意
思決定に際して本社部門の合議や了解を過度に得る仕組みになってい
ると機動性が失われてしまう。

特に日本企業においては重層的かつ広範囲での確認をもって最終意
思決定していることが多い。最終意思決定前に複数人での合議者が設
定されていたり、担当に加えライン長、担当役員と3階層以上で決裁
をしていたり、事業部門で決定した内容を本社部門に報告させたり等、
スピード感をもった意思決定を阻害する仕組みになっているケースが
ある。合議や意思決定の階層については機能しているかどうかの実態
確認と必要性を鑑み、整流化する余地を検討すべきである。

また、事業部門のトップについて、どのような役割を期待し責任を
もたせるのかも重要である。例えば事業部門トップに事業計画へのコ
ミットメントを求める場合、計画達成度をどうやって評価するかを
はっきりさせておく必要がある。計画項目全ての達成を求めるのかそ
うでないのか、計画未達の場合にどのようなタイミングで説明を求め
るのか等、どこまでが事業部門トップに任せた範囲であり、どこから
が本社からの介入を受けるところなのかを線引きしておくことになる。

▶ 経営人材の育成

最後に、事業部門のトップは経営人材の育成をするうえで最適なポ
ジションであることを認識したい。ある程度広い範囲で事業を任され、

少々の失敗は許容することにより経営者としてのケイパビリティ向上を期待するといったことも考えられるだろう。将来のグループ経営者候補を育てるという観点から事業部門トップのポジションを設計することも重要なポイントになる。

⬤ 2.2. コア事業への集中・リソースシフト

▶ コア事業集中における難問

シビアな経営環境に直面する企業においては手掛ける事業領域を限定し、当該事業にリソースを集中しさらなる成長を図る動きがある。

多方面にリソースを投下していた現状を改め、コアと定めた事業に集中的にリソースを投下するということは、言うほど簡単なことではない。1つはコア事業へリソースを集中投下することへの納得感をどう高めるのか、そしてもう1つは集中投下するためのリソースをどのように捻出するのか、という点を解決する必要があるからである。

コア事業へのリソース集中に対する納得感の醸成

まず1つ目のコア事業へのリソース集中に対する納得感の醸成だが、ノンコアとされた事業を担当する社員の理解を得ることが重要だ。事業の多角化や新規事業の育成を推し進めた企業においては、従来の主力事業で収益を支えつつもエース格人材の投入や多額の投資を新規事業の開発等に要していることが多い。また、それを実現するために新規事業が未成熟な段階から既存事業と同様に事業部として組織化し、横並びにして競争を促すようなこともしている。

一方で、新規事業は収益性が乏しい等の理由で、事業ポートフォリオの見直しの局面では梯子を外されて非注力事業に仕分けられることがある。これまでヒト・モノ・カネという経営資源を投入して組織面でも支える仕組みをつくり事業開発を行っているがゆえに、いざ特定の事業に集中するとなった場合に新規事業を担っているメ

ンバーが新しい事業構造への変化に対する抵抗勢力になってしまうのである。

このような場合に有効な手立てとして、これまでとこれからにおける事業の業績評価の尺度を明確にし、それを社内でも共有することである。ここでもビジョンやパーパスに基づき定量的にコア・ノンコアの基準をはっきりと示すことが求められる。また、コア事業強化の実現を促す組織体制に移行することも重要である。間接機能の配置や関与の度合い、優先度等は事業の位置付けに応じて濃淡をつけることで、「コア事業重視」の組織体制を敷くことも考えられる。

リソース捻出

そして2つ目のリソース捻出に向けては、事業間の人材の融通だけではなく、本社部門も含めたグループ全社で人材の再配置余地を検討することが求められる。特に歴史のある企業であれば時間の経過とともに本社機能が充実し、時には肥大化していることもある。このような場合は本社部門のサイズを適正化し、捻出した人的リソースを事業部門等の前線に再配置することで、事業活動の活性化を図ることを検討したい。事業部門が自らのPLの中で本社機能を抱えることでよりリソースを有効活用しようといった動きにつながる。また、事業部門が自らのリソースを使って必要な活動を取り組めるようになるため、やりたいことがあった場合に本社部門に対して必要以上に「お伺い」を立てないといけない、というような無駄の排除も期待できる。

3.1. 新規アジェンダの推進

▶ 本社部門の役割

本社部門の役割として、事業やエリアの組織ではできないことをグ

ループの本社として担う、といったことが言われるが、最近は特にこの部分に対する期待が高まっている。代表的な例として１つは新規事業育成にかかる取り組み、もう１つは社会課題にかかる取り組み等が挙げられる。これらは今後の本社部門に期待される重要性の高い領域である。

新規事業育成にかかる取り組み

　まず１つ目の新規事業育成にかかる取り組みに対する期待に関してその背景を確認しておきたい。COVID-19においてそれまで稼ぎ頭だった事業の基盤が毀損したり、社会構造の大きな変化により新たなニーズが顕在化したりと、COVID-19前の事業環境とは大きく変わってきている。その中で多くの企業が既存の事業の落ち込みをカバーし、新たなニーズに応えるための新規事業の創出に対して大きな期待を抱いている。一方で、これまで事業を支えてきた事業部は収益性が悪化しており新規事業に投資する余裕はない。新たなニーズに応える技術やケイパビリティは既存の事業部では有していないこともある中で、新規事業の育成を事業部だけに頼るのは難しいことも多い。グループワイドで有する技術やケイパビリティを掘り起こし、それを生かした事業創造を本社に期待するのは当然といえる。

社会課題にかかる取り組み

　さらに２つ目の社会課題にかかる取り組みに対する期待に関しても触れておきたい。排出権取引市場が立ち上がりつつある脱炭素問題に限らず、紛争鉱物や児童労働を防ぐためのフェアトレードの推進等は多くの企業が直面する課題として認識されている。以前より多くの企業が熱心に取り組んできたメセナ活動（芸術文化支援活動）も社会課題に通じている。昨今ではSDGsにかかる取り組み方針を各企業が表明する等、社会課題に対して自社がどのように向き

合うのかをはっきりと示すことが必要になっている。事業やエリア共通の尺度で意見発信をしていくべき社会課題の領域は、本社の存在意義につながる根幹としての活動として期待されていると考えてよい。

▶ 取り組み方

では新規事業育成や社会課題といった領域に対して、本社としてどのように向き合うのかを検討しておきたい。コーポレートの重要アジェンダは共通して3つの特性がある。最初に売上規模や収益性といった財務的な基準で物事を判断できないこと、次に短期では結果が出ず中長期的なコミットが求められること、そして最後にこれまでとは異なるケイパビリティをもった人材が当たる必要があることの3つである。これは上記では取り上げていないDX等の課題においても同様に考えられる。

このような特性をもつコーポレート重要アジェンダを進めるためには、当該アジェンダを担う組織を「分けて」「見守る」ことが必要になる。売上規模や収益性で評価される既存の枠組みにはめてしまうと評価されないわけであり、やはり既存の組織とは分けて、横並びにならない・されない組織構造や業績評価が必要である。また、短期で結果につながらないことは自明であり、任せた以上は口出しを控え成果が出るまで温かく見守る姿勢が求められる。組織再編を通じてこれらの体制を構築することが、コーポレート重要アジェンダの推進において不可欠なのである。

⬤ 3.2. 本社固定費の適正化

▶ 本社固定費のマネジメント

企業経営において人件費を中心とした固定費のコントロールをすることは収益性を左右するという観点から非常に重要である。特に本社

機能においては費用に占める人件費の割合は高く、人件費をどうマネジメントするかが課題になる。同じ業務を、品質は維持しつつもより安価に遂行できるかを考える必要がある。

▶ 高い本社機能の部門運営費

　日本の企業において本社機能は本社部門として社内でも高いプレゼンスを有している。一部の大手企業では歴代社長は本社部門出身者が並ぶといったこともあり、本社機能の地位は高いとされてきた。ところがグローバル競争が加速化する中で、日本企業の本社費（販管費等）が海外の同業他社に比べて大幅に高く、潤沢で好待遇の本社部門が収益性を損ね競争力を阻害しているということもよく聞かれるようになってきた。中には本社機能の役割や規模を海外企業並みにまで小さくすることで本社コストを低減し、スリムな本社機能を標榜する企業も出てきている。

▶ 機能子会社の活用

　固定費を適正化する手法としてまず挙げられるのが機能子会社の活用である。本社とは別に特定の機能を担う子会社であれば、発揮している付加価値に応じて相対的に本社より低水準の人件費にすることで、当該機能子会社で業務に当たる社員の人件費を低減するという発想である。つまり、相対的に付加価値の低い業務を人件費の安い機能子会社に担わせることで、業務遂行にかかるコストを下げることを狙うのである。

　業務の付加価値に応じて人件費単価を下げるというこのやり方は一見すると良いやり方のように聞こえるものの、そう簡単ではないということを付け加えておきたい。最初から本社と機能子会社それぞれのミッションが明確であり、付加価値に応じた業務分担がなされているのであればよいが、多くのケースではそうではなく本社から機能子会社に業務と人を移管するといったことになる。移管対象となる各人の処遇

が不利益変更にならないように手当てし、各人が納得感をもって移管に応じるような移管プログラムの設計が求められる。また、機能子会社でキャリアを築いていくための適切な人事制度を独自に設計し、適用していくことも必要になる。本社とは異なるキャリアに対して希望や将来性を感じられるようにしないと、機能子会社にいる人材が次々と辞めてしまうといったことにもなりかねない。

▶ 固定費の変動費化

　固定費の適正化の視点として、「固定費を変動費化する」といったことも考えられる。具体的には、自社で雇用する人材をもって業務運営をするのではなく、当該業務を外部のアウトソーサーに外注し自社では固定費を抱えないようにする施策である。従来は自社で業務運営していたため、業務遂行に当たる人員の人件費等は固定費になるが、当該業務を外注することで業務の状況や業務量に応じて変動させる変動費に変えることを狙いとしている。業務の繁閑に応じて外注量をコントロールすることで業務の減少時は業務コストを減らすことが可能になってくる。また、自社にとって間接業務はコア業務ではなかったとしても、その業務を受託する外部のアウトソーサーにとってはコア業務であり、業務ノウハウも蓄積されているといえる。見方を変えると、その業務のプロに任せることで、自社ではやり得なかったレベルで業務提供を受ける「業務の品質向上」といったことにもチャレンジできる。

▶ 本社固定費の最適化手段としての組織再編

　前述の通り、本社で一元的に担っている間接業務を、自社グループ内の機能子会社や外部のアウトソーサーに再配置していくような機能移管は大変有効な手段になり得る。組織再編を通じて業務付加価値に応じた人件費の低減を図ったり、固定的だった業務運営にかかるコストを変動費化したり、というようなことが可能になる。業務に携わる

人材のモチベーションに配慮することが大前提とはなるが、これらの余地はしっかり追求すべきである。

3.3. コーポレート機能強化・事業へのお役立ち向上

▶ 本社部門の本来の役割

　本社部門は事業部門の活動に横ぐしを刺して側面支援するために設置されている組織であり、単なるコストセンターとして一方的にコスト効率化だけをミッションとする組織ではなかったはずである。本社部門が事業活動を支えることで、事業部門が本来のパフォーマンスを100%かそれ以上発揮することができる、というのが本来追求すべき姿だと考えられる。そのためには、本社部門は業務運営の効率化により業務コストの低減を実現することに加えて、専門的な業務を通じて事業部門に対して専門性に基づく高い付加価値を発揮すること、つまり効率化と高度化の両方を成し遂げることを目指さねばならない。

　本社部門の高度化を実現するためには、単なるオペレーションにはとどまらない専門的な業務を提供する人材を増やす「リソースの拡充」と、提供するサービスの品質を高め1人当たりの付加価値を上げる「付加価値業務の拡大」の2つを実行することが必要になる。以降はこの2つの視点で何をすべきかを検討していきたい。

リソースの拡充

　まず1つ目の「リソースの拡充」だが、多くの場合は効率化の結果捻出できた人材を再配置することで実現を目指すことになる。いわば低付加価値業務を従来より少ない人員で対応し、捻出した分の人員を高付加価値業務へシフトさせるということだが、実はこれは非常に難度が高い。業務をシフトする人材に業務遂行による付加価値を高められるようにリスキリング（再教育）することになるが、業務の担い手が高齢層だったりするとそう簡単には進まない。リス

キリングが比較的不要な領域で人材を再配置するか、現時点からマルチスキル化を進めて将来的な再配置のハードルを下げる等が考えられる。

　社内での人材の再配置に限界がある以上は、社外のリソースの有効活用も進めるべきである。専門人材の外部からの採用や専門的知見をもつ外部ベンダーへの業務委託や外部ベンダーと協力しての人材育成等、リソースの確保に向けて幅広い方策の検討が求められる。

付加価値業務の拡大

　2つ目の「付加価値業務の拡大」だが、これも困難を伴うことが多い。なぜならば、これまで言われたことを着実にやることが本社部門に求められてきたことであり、どうすれば業務の付加価値を上げられるかが大抵の場合業務を担う本人には分からないからである。本社部門が受け身での対応をしてきた結果、新しい業務を担う企画力や提案力が失われがちになるのである。

　本社部門の役割として従来業務とは一線を画す新しい付加価値につながる新規業務への取り組みを推進させることや、本社部門の付加価値向上をミッションとする組織を新たに設置することも考えるべきであろう。

▶ 効率化と高度化の両立

　いずれにしても、従来と同じ枠組みを維持していただけでは効率化はできても高度化はできないと考えるべきである。そのための一手として、追求すべきなのが効率化と高度化で異なるのであれば、ミッションの異なる組織体として分割して管理する、効率化と高度化それぞれの目的に応じたKPIを設定する、といった組織構造の再編を伴う打ち手を考えることになるだろう。

経営課題解決のための
組織再編構想を定め合意形成を行う

● 適切な組織再編オプションの選択

　戦略の方向性および認識した経営課題に基づき、どのような組織再編を企画し設計していくべきであろうか。実際に各局面で適用される組織再編オプションを経営課題との関係性に着目して整理すると以下のように示すことができる。

▶ ① グループ組織再編
①-1 持株会社化

　　持株会社にはグループ経営の司令塔として事業ポートフォリオ管理機能を置くことで、グループ全体を見渡す俯瞰的視点から事業のパフォーマンス評価やポートフォリオ入れ替えの構想を練ることができる。また、グループ全体のことは純粋持株会社で、各事業のことは傘下事業会社で意思決定をするという役割分担の徹底が期待でき、結果として意思決定の質とスピードの向上や事業会社の自律性向上につなげることができる。

　　さらに、持株会社には限られた範囲で本社機能を具備することになり、外形的に本社部門の役割と働きが見えるようになる。本社部門にとっては自部門の存在意義を問われることにもなり、限られた人員で本社部門ならではの付加価値を出そうとする自助努力を促すことになる。事業部門ではカバーできない新規アジェンダにかかる取り組みも、純粋持株会社内で取り組むことで既存事業とは異なる枠組みで守り育てることが可能になる。

図表3-6　経営課題と組織再編オプションの関係性

経営課題			組織再編オプション								
			① グループ組織再編		② コーポレート改革					③ 外部化	
			①-1 持株会社化	①-2 事業再編	②-1 コーポレートスリム化・強化	②-2 設立・強化 SSC/GBS	②-3 設立・強化 地域統括会社	②-4 機能別改革	②-5 グループガバナンス改革	③-1 特定機能の売却・JV化	③-2 BPO活用
1・グループ経営の最適化		1.1. ポートフォリオの最適化	✔		✔						
		1.2. 意思決定の質・スピードの向上	✔	✔			✔		✔		
		1.3. 機能重複排除によるグループ体制の効率化		✔	✔			✔			
2・事業競争力の強化		2.1. 各事業の自律性の向上	✔	✔			✔		✔		
		2.2. コア事業への集中・リソースシフト		✔	✔	✔				✔	✔
3・コーポレートの強化		3.1. 新規アジェンダの推進	✔		✔						
		3.2. 本社固定費の適正化			✔	✔		✔		✔	✔
		3.3. コーポレート機能強化・事業へのお役立ち向上	✔		✔	✔	✔	✔	✔	✔	✔

①-2 事業再編

　事業再編の取り組みは、事業側で有している経営資源を再配置することで事業部門の力を最大限発揮できるようにすることが主な狙いとなる。事業部門で発生している機能重複を解消したり、事業の位置付けに応じて事業管理の単位を見直したりすることで、より事業軸での運営最適化を図ることが可能になる。その場合戦略オプションの幅を広げたり、事業間シナジーの効果を高めたりすることも期待できる。

▶ ② コーポレート改革

②-1 コーポレートスリム化・強化

　コーポレートスリム化・強化の取り組みでは、本社部門に在籍する人員の人件費が、提供する業務の付加価値に見合った規模なのかを検証する。提供価値に応じて人員の再配置や専門性や品質の向上による業務の高度化を追求していくことになる。

　また、本社業務の中でも事業別に独自の業務提供が必要な場合は、本社部門から事業部門にその機能を移管することで、本社部門のスリム化を図るとともに事業部門に必要なリソースを再配置することも可能になる。

②-2 SSC/GBS設立・強化

　SSC/GBS設立・強化の取り組みは、本社機能の集約化余地を検討することから始まるため、本社機能の重複排除には効果的である。さらにSSCやGBSといった組織として他の機能からは切り出して配置することで、前述したコーポレートのスリム化・強化と同様に各業務の必要性と業務提供のための人件費コストを見える化し業務コストの適正化や業務の付加価値向上を促すことが期待できる。

②-3 地域統括会社設立・強化

　地域統括会社設立・強化の取り組みは、他のコーポレート改革の取り組みと異なり地域毎に存在する経営課題に向き合うための取り組みである。地域統括会社が各地域の固有性に起因する課題をカバーするための機能を設置し業務提供することは、事業部門のニーズにより的確に応えることになり、それは結果的に本社業務の価値を高めることになる。

②-4 機能別改革

　機能別改革は、言い換えると各本社機能の固有性に応じて独自の付加価値を高める取り組みといえる。機能毎に追求可能な付加価値は異なるが、サービスの受益者となる事業部門の満足度を高めることが改革のゴールになる。

②-5 グループガバナンス改革

　グループガバナンス改革は、組織というハコではなく組織を有機的に機能させるための仕掛けに着目する取り組みである。経営の方針に基づき適切なグループガバナンス体制をとることで、グループで統一すべきところは本社部門が統制し、各事業・エリア固有の課題は各事業・エリアで判断することを目指すことで、意思決定の質やスピードの向上を図るものになる。

▶ ③ 外部化

③-1 特定機能の売却・JV化

　本社機能を手放して事業として売却する手法は、本社部門に大いに刺激を与える取り組みといえる。本社業務運営のための固定費を外部化により変動費化することが可能になるとともに、自社に残置した業務にはこれまでとは異なる新しい価値発揮を求めることになる。

③-2 BPO活用

　今まで内製で対応していた業務について、外部のBPOでも提供可能な場合、業務コストとサービス品質が見合う見込みであれば外部に任せる取り組みであり、固定費の適正化を促す施策として期待できる。また、本社部門に刺激を与えるという点では、売却・JV化と同様の効果を期待できる。

▶ 適切な再編オプションの選択

　以上、各再編オプションを選択した場合に期待できる効果を示してきたが、重要なのは認識した経営課題に対して必要な組織再編オプションを全てやり切ることである。経営課題の解決のためには、単一の組織再編オプションを選択するだけでなく、複数の組織再編オプションを組み合わせた連続的組織再編プログラムを構築して臨みたい。組織再編オプションの組み合わせによってその効果が高まることも期待できる。

　また、組織再編オプションの選択にあたっては前例主義にとらわれてはならない。仮に過去に成果を上げた組織再編であっても、事業環境の変化によって過去の成功を再現できるとは限らないからである。その時々の課題に向き合い、その時点で最適なオプションを選択することを心掛けたい。

● 組織再編実行に向けた合意形成

　組織再編の方向性が固まったら、それを具体的なプログラムとして設計し実行していくことになる。そのためには、組織再編の構想およびやり切るためのロードマップを具体化し、マネジメントレベルで合意することが必要になる。

　これまで述べてきた通り、時に組織再編はグループ全体に影響を与える取り組みになり、実際に前へと進めることにかかる合意形成は容易で

はない。組織再編をすることによる成果を予見することが難しいためだ。M&Aをすれば事業基盤が手に入る、コストカットをすれば収益性が上がる等、多くの施策は直接的な効果についてリアリティーをもってうたうことが可能であるが、組織再編の場合は組織を変え新しい組織体制下で各種取り組みを促進した結果として効果を出すという2段階で進める構造になるので、分かりやすい形で効果をうたうことが難しいのである。

また、立場によってメリットを享受できるかどうかが変わってくるのも組織再編ならではの特徴である。例えば経理・人事機能の集約とSSC化、外部化といった取り組みを進める場合、当事者である経理・人事部門のメンバーにとっては痛みを伴う改革となるため、強い抵抗を示すことが多い。一方で、マネジメントや事業部門のメンバーからすると経理・人事の業務レベルが下がらない範囲で、改革が進めば本社費等の負担も減りメリットにつながる。この場合、経理・人事部門は現状からの変更について不満だけを言い、協力的にならないといったことが考えられる。

結局のところ、組織再編の実行に向けてはマネジメントレベルでの腹決めがないと進められないのである。

▶ 組織再編構想の具体化
組織再編Blueprintの作成

組織再編の複雑さ・見通しのしづらさを解消するためには、早期に全体像をつかみイメージを具体化する工程が有効である。組織再編と一口に言っても、それが何をどこまで変革することになり、結果としてどのような変革効果を狙っているのかを想起することは困難である。そこで、組織再編に関して明確なリーダーシップを発揮できるトップマネジメントを含めて、小規模な検討チームで組織再編の具体像を描き文書化するといった取り組みが必要になる。ここで重要なのは、組織再編という曖昧な取り組みに形を与え、他者と共有できるストーリーとイメージをつくることである。

組織再編のストーリーとイメージを文書化できたら、それを限られたコアメンバーで集中的に討議し、組織再編のBlueprint（青写真）に昇華していくことが必要である。この段階で検討メンバーを拡大すると各所で反対論者が登場し前に進まなくなる可能性が高い。組織再編はマネジメントレベルのイシューであり、利害関係者にそれぞれの立場から賛成・反対意見をもらうことが必ずしも有効とは限らない。限定的なコアメンバーで集中的に討議して組織再編のBlueprintを取りまとめたうえで、トップマネジメントレベルのGoを取りつけることが必要になってくる。

組織再編Blueprintに含める要素

組織再編Blueprintとは、組織再編の実行可能性と有効性を担保するために、組織再編のストーリーとイメージを具体化し共通理解を醸成するための文書である。通常組織再編Blueprintでは以下の5つの要素をカバーすることが望まれる。

- 事業環境認識と経営戦略
- 経営課題
- 解決策としての組織再編オプション
- 組織再編実行後の組織・ガバナンス体制
- 組織再編の想定効果（定量・定性両面）

▶ 組織再編ロードマップの策定

組織再編におけるマイルストーンの設定

組織再編プログラムのデザインにおいて、まず着手するのが組織再編ロードマップの作成である。組織再編では外的な要因に基づくマイルストーン（中間目標点）が設定されないため、多くの場合はマネジメントが要求するスピード感に基づき自立的にマイルストーンを設定することになる。例えば事業再編をするとなった場合において、いつを目指して組織再編をするのかについては自ら決める必

要がある。具体的には事業の状況やその事業が抱える課題の深刻さ、課題解決までに与えられる時間的な猶予を総合的に判断してマイルストーンを設定することになる。

　しかしながら、自社の意思に基づき設定したマイルストーンは、その時点を目標にする必然性が低いため、何かあるとすぐに後ろ倒しにされるリスクがある。それを防ぐためには、一度設定したマイルストーンに基づき利害関係者に影響のあるイベントを設定し、マイルストーンの意味合いを明確にすることが有効である。例えば従業員への説明、取引先への説明といったポイントをあらかじめ設定することで、利害関係者へのコミットメントへもつながる。一般的に組織再編においては「組織再編の実行日」「組織再編の内容を組合・従業員へ伝える説明日」「組織再編の検討に着手したことを対外ステークホルダーに発表する公表日」等を意識したマイルストーンを設定することになる。

組織再編を通じて実現する状態の定義

　組織再編の結果、各時点でどのような状態に変化することを目指すのか、これをプログラム設計の段階で明確にする必要がある。自社がどのような姿を目指しているのかは自らが示さねばならない。

　組織再編では組織のハコがどうなるのかは伝わりやすいが、その結果として戦略や制度・ルール、業務運用、風土といったものがどこまで連動して変革することを期待しているのかが明確ではない。現実には「何年何月に持株会社体制へ移行」等、組織というハコをどうするかという点に立脚したマイルストーンを設定しがちである。しかしながら、組織再編と同時に展開するさまざまな施策と組み合わせて段階的に成果につなげるものがほとんどであることを念頭に、戦略や制度・ルール、業務運用、風土といった観点から組織と連動したマイルストーンを設定しマネジメントの合意を得るべきである。

　よって、上述の状態定義は一時点だけを設定すればよいものでは

なく、変革のステップに応じて複数時点の状態を定義することも検討する必要がある。この場合において重要なのは、有効性を示すために「100点の姿」を描き切る必要がある一方で、実効性を示すために「100点ではないが、途中段階として実現したい姿」を描くことである。最終的に実現したいことだけを並べても、現状と差があり過ぎて実現性がイメージできない。最終形に至るまでの途中経過の姿も定義することで、不完全かもしれないが実現可能な姿をイメージすることができるのである。

　組織再編のゴールイメージ、およびロードマップが合意された後は、いよいよ組織再編後のガバナンスや機能・組織等の具体的な設計に着手することとなる。そのポイントについて、要諦5～7で詳述することとしたい。

要諦 5

グループガバナンス体制を
組織再編目的と整合させ再構築する

組織再編における「ガバナンス」とは

　組織再編の局面における「ガバナンス」は、組織再編目的の達成を左右するクリティカルファクターであるといえる。なぜならば、組織再編は人の意識や行動を変容させ戦略的目標の実現を容易にするための手法であり、ガバナンスはまさに、人の意識や行動に直接的に自由度あるいは必要な統制を与えるものだからである。いわば、組織・人を適切に動かすための神経系統とでも呼ぶべきものである。

　組織再編においてガバナンスは、複数の登場人物に対して語られることとなる。例えば、グループの本社、事業部門／事業会社、地域統括会社、海外事業会社、SSC／GBS等、それぞれの登場人物間の関係性をどのように定めるかということがガバナンス検討の本質である。組織再編の目的や形態に応じて、どの部分の関係性にフォーカスを当てて変化を加える必要があるかは当然変わってくる。

　また、ガバナンスという言葉は非常に広い概念を含んでおり、聞き手によってさまざまなものを連想し得る。ある人は決裁権限を思い浮かべるかもしれないし、またある人は役員体制や内部統制のことを、はたまた業績評価や配当制度を思い浮かべるかもしれない。結局はそれら全てを包含したものであり、組織再編の目的の実現に向けて、本社と事業や機能、国内外拠点等が最適なポイントに対して求心と遠心を最適なバランスでもつことが必要となる。

　このように広い概念であるがゆえに、その在り方は誠に各社各様である。組織再編の目的はもちろんのこと、業界特性や組織文化、あるいは経営者の気質によっても、そのポイントは異なってくる。また、同じ会

社であっても時系列や経営環境によっても常に変化する。よって、特定のエクセレントカンパニーのやり方を、参考にはできても、それを流用すればよいというような簡単な話にはならない。その会社の特性・置かれた環境・再編の目的等に応じて最適な設計・運用を見極めることが不可欠である。

なお、組織再編は事業や機能の在り方、すなわち執行側＝自社経営層・本社による事業部門や子会社等に対するガバナンスの変革が主となることから、監督側＝株主等による自社に対するガバナンスについては基本的に本書の対象外とする。

🌀 ガバナンスにかかる設計要素の全体像

前述の通り、ガバナンスとして検討すべき領域は非常に幅広いものとなる。権限や会議体、経営機構や役員体制等はもちろんだが、実際にはそれにとどまらない多様なマネジメント手法をとることが通常である。例えば、P.106の図表3-7にあるように、経営管理・業績評価制度や人事・資金管理、規程類に定義される各種業務ルール等、組織再編の局面においては広範な要素についてガバナンスの観点を踏まえた設計が必要となる。

ただ、これら広範な設計要素の中でも、事業特性や組織再編の目的等に応じて、特にどこに魂を込めるべきか、すなわち踏み込んで現状から変えるべきポイントは変わってくる。例えば、以下のような論点がよく重要ポイントとして挙げられる。

▶ 事業戦略・成果に対するガバナンス

目標設定や中期・単年度計画の策定プロセスの中で本社と各事業がどのような役割分担を行うか、業績評価についてどのような指標で評価を行うか、また評価に応じてどこまで処遇等の変動を行うか（いわゆる信賞必罰の評価を行うか）等の論点が考えられる。

▶ ヒト（人的資源）に対するガバナンス

　キーポジションの人事・評価に関わる権限をどこまで留保するか、人事制度をどこまで共通化／自由化するか、採用は一括とするか各事業（会社）別とするか、従業員の籍を各社別にするかどうか、等の論点が考えられる。

▶ カネ（投資原資等）に対するガバナンス

　投資原資となる内部留保を、配当制度等によってどこまで集約もしくは各社に残すか、投資案件等についてどのような内容のもの・どの程度の金額規模のものまで本社で統制するか、等の論点が考えられる。

⬤ ガバナンス設計のアプローチ

　ガバナンスの検討は、個々の要素の設計がどうあるべきかもさることながら、全体の検討の進め方が非常に重要である。

　よく見掛ける望ましくない進め方がある。各要素を各関連部門の関係者がよりどころなく並行的に検討を始めてしまった結果、後になって不整合や重要論点の検討漏れや手戻りが発生してしまい、ひいては会社の形は変わったが中身は変わらずとなってしまうというケースだ。

　ガバナンスは個々の要素が独立して機能するものではなく、要素の組み合わせによって機能させる必要がある。例えば、権限は事業側に大幅に委譲する代わりに役員の兼務や信賞必罰の評価、経営管理によって要所は統制する、といった形である。これを、権限はあちらの部署が主管、経営管理はあちらの部署が主管だからといってばらばらに検討してしまうと、それぞれの検討主管の視点・課題意識に基づいた設計がなされ、結果として不整合が生じてしまう、ということになりがちである。

　よって組織再編プロジェクトにおいては、各要素設計の根幹となる基本方針を、初期の段階で打ち立てておくことが望ましい。組織再編の目的や組織再編を通じて実現したいグループや会社の将来像と、それを見

戦略・方針	**経営戦略・再編基本方針** ● グループ経営理念、ビジョン ● 再編目的・達成メカニズム、事業配置 ● 本社・事業間の基本的な役割分担、マネジメント思想等 **ガバナンス方針** **経営管理方針** 戦略・計画、モニタリング、評価等にかかる統制／自律範囲 ／ **権限配置方針** ヒト・モノ・カネ等の調達・活用、制度等事業遂行全般にかかる統制／自律範囲
組織・機構	**役員配置** 取締役人数・兼務 CXO、スタッフ配置 レポートライン **会議体** 各種委員会の配置 経営会議体の配置 各種実務会議設計
制度・ルール	**経営管理** 経営指標 計画策定プロセス モニタリングプロセス 業績評価 **人事管理（ヒト）** 会社間異動プロセス 採用プロセス 育成プロセス 評価プロセス **資金管理（カネ）** グループ内資金融通条件 配当政策
業務プロセス	**規程・マニュアル等の文書類** 責任権限規程　　その他グループ共通規程　　個社規程

経営機構

各社機関設計

機能配置方針

内部統制方針
リスク管理、コンプライアンス、
監査等にかかる期待要件、役割分担

再編目的に基づく配置方針
再編目的等に基づく基本的な
機能分担、規模感等の考え方

機能戦略
機能別の期待成果、
強化の方向性

権限配置

決裁権限の切り分け

意思決定プロセス

事業内の権限・意思決定プロセス

組織設計

機能配置

組織図設計

内部統制体制

管理／監査
対象範囲

責任主体
レポートライン

権限配置検討の
議論を前提として
各種管理ルールの
詳細を整備

資産配置（モノ）

資産配置

純資産設計

その他職能別管理ルール・運用プロセス

施設管理

知的財産管理

R&D管理

調達管理

ブランド管理

セキュリティ管理

システム・データ管理

（その他）

管理プロセス・
ツール

J-SOX対応・
文書整備

据えた現状の課題から全体を俯瞰し、特に変革を加えるべきガバナンス上のポイントと、どこまで踏み込んだ設計とするかの方向性を定めておくのである。それをよりどころとしたうえで、各要素の検討時に織り込んでいくことが肝要である。

● Step 1　ガバナンス方針の策定

　ガバナンス方針は、組織再編目的や統制主体のミッションと、各種設計要素の間をつなぐものである。具体的には図表3-8のように、組織再編目的等の実現に向けて「何を」「どの程度」統制する必要があるか（＝何を自律させるか）を定義したものである。

　この「何を」「どの程度」の見極めが、組織再編目的の達成を左右する。イメージとして、いくつか事例を紹介したい。

（事例1）エレクトロニクス系製造業

　事業運営全般についてかなりの自律方向にかじを切りつつも、カネ、すなわち投資原資としての資金や投資に関わる決裁権限については本社が強く統制を図ることとした。これは、主力事業に偏った事業構造から事業ポートフォリオの拡大を図る局面において、主にキャッシュカウとなる事業から資金を回収し、能動的に成長事業に割り当てることが必要であったためである。

（事例2）運輸業

　輸送機材の保有と各路線への割り当ては本社が一元的に行い、各事業は割り当てられた配分の中で稼働率を最大化するための戦略を立案・実行する形をとった。これは、価格帯やサービスレベルの異なる複数のブランドを最適バランスで運営し事業成長を図るために、利害関係の根幹となる輸送機材・路線の割り当てを重要な統制ポイントとしたものである。

図表 3-8　ガバナンス方針の検討フレームワーク（例）

遠心力型　　　　　　　　　　　　　　　　　　　　　　　　求心力型

		事業自律型	事業間シナジー促進型	本社主導型
権限・責任の形	① 制度設計の柔軟性	個々の事業特性に応じた制度設計を許容（報酬・採用・品質等） 高●——→低	原則、グループ統一制度を適用 ただし、業界特性による例外を個別検討 高—●—→低	原則、グループ統一制度を適用 高——●→低
	② 役員の独立性	本社と各事業の役員は原則独立（経営と執行を分離） 高●——→低	関連事業の役員は、本社と兼務 高—●—→低	事業トップは本社役員が務める 高——●→低
機能	③ 機能配置の許容性	最小限の本社機能以外は事業側で保有（本社は結果で評価） 高●——→低	左記に加え、重点顧客・注力製品等の切り口での管理機能を本社で保持 高—●—→低	本社が個別事業戦略（注力・撤退等）に介入 高——●→低
リソース	④ 資金の分散度	キャッシュは本社が集中管理・最適配分するも、投資権限は委譲 高—●—→低	自主経営型に比して投資権限は限定的 高—●—→低	金額規模も含め、事業側の投資権限は限定的（本社がリスク管理） 高——●→低
	⑤ 人事の独立性	トップマネジメントの人事のみ掌握 高●——→低	事業側の主要なマネジメントポジションの人事まで掌握 高—●—→低	重要管理職ポストまでの人事を掌握 高——●→低

（事例3）鉄道系インフラ業

　　グループの顧客情報については本社が一元管理のもと、それを用いてグループ横断でのマーケティング活動を行う形をとった。グループ内にBtoCの多様な事業を抱える中で、一元的なマーケティングによるグループのサービスのクロスセル等を重要視したためである。

　　実際の検討にあたっては、ガバナンス方針を構成する要素は組織再編の文脈に合わせて細分化・付け足し等を行ったうえで、一気通貫で「何を」「どの程度」統制すべきかの見極めを行っていくことが必要である。1つ1つの要素について、「こういう場合ならこう」という方程式があるわけではなく、取り得る選択肢や統制範囲等について事例等にも鑑みながら、知恵を絞っていく必要がある。

　　このように組織再編目的等に照らしながら一気通貫・俯瞰的に統制／自律の方針を眺めることで、「戦略は自律化の方向なのに、それに必要な経営資源に統制を強めては本末転倒ではないか」「特に事業競争力を阻害している○○基準・制度にメスを入れられていないのではないか」等、後続の各種設計に向けた最適な道標を打ち立てることができるのである。

　　なお、本方針は、多くの関係者を巻き込む前に、経営層等の意思決定者を中心としたコアメンバーで定めておくことが望ましい。各人の想いや我田引水的な思惑が入り込みがちな領域であるため、できる限り客観的に「あるべき」を定めておくことが肝要である。

● Step 2　ガバナンス方針を踏まえた各要素の設計

　　ここからはガバナンスにかかる各要素の設計にあたっての視点をご紹介したい。前述の通りガバナンスの要素は多岐にわたり、踏み込むべきポイントやその方向性はケースバイケースであるため、ここでは以下の

頻出のガバナンス要素にかかる主な論点について触れるにとどめ、具体的な設計イメージについては、後段の「特定の組織再編パターンにおけるガバナンス設計例」にて言及することとする。

1. 権限配置の設計
2. 経営機構・役員体制の設計
3. 会議体の設計
4. 経営管理制度の設計
5. 資産・資金管理の設計
6. 人事管理の設計

▶ 1. 権限配置の設計

権限の具体設計に関しては、機械的に留保権限水準が決まっていくような方法論はなかなかなく、決裁権限規程における項目毎に見ていくことが必要となる。

まずはガバナンス方針に基づき、本社の専決事項とするもの、それ以外の項目については現状比較で委譲を増やすか減らすかの方向性の整理を行う。逆にいえば、ガバナンス方針で定義すべき項目は、決裁権限規程の項目をある程度意識しておくことが重要となる。

適切な水準感の見極め

定性的／定量的な基準に基づく項目については、自社における過去の決裁案件の振り返りや他社水準とのベンチマーク等を通じて、適切な水準を見定めていくことが必要となる。

定量基準については、総資産1％基準のような目安はあるが、あくまでも目安であり、それをもって機械的に定められるものではない。案件自体の重要性／リスクや、委譲を行う場合の委譲先のケイパビリティ、あるいは集約を行う場合の反発等を念頭に置きながら、ガバナンス方針＝組織再編目的達成に資する落としどころを見つけることとなる。

図表 3-9　本社・事業間の権限配分の考え方

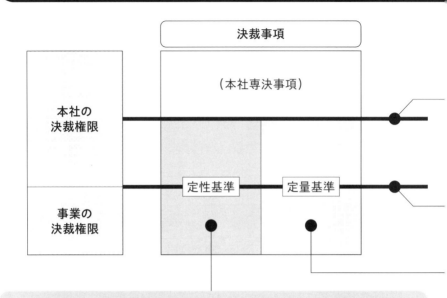

決裁事項

（本社専決事項）

本社の
決裁権限

定性基準　　定量基準

事業の
決裁権限

定性的な範囲設定

✓ 一定の範囲設定に基づき、
本社と事業の決裁範囲を定義（以下例）

　人事：各社役員クラスの人事は本社、
　　　　それ以下は事業側で決裁等

　組織：部レベル以上の再編は本社、
　　　　それ以下は事業側で決裁等

✓【備考】事業の格に応じて範囲設定を
　　　　変えるケースがある

範囲設定イメージ

	決裁領域	
	人 事	組 織
本社の決裁権限	各社役員クラスの人事	部レベルの再編
事業側の決裁権限	上記未満の人事	上記未満の再編

線引き①

✔ 本社のみが決裁権限をもつ事項とそれ以外の事項との切り分け
　（中長期計画、グループビジョン設定等）
⇒ 本社の機能レベルの話であるため、大きな論点にはなりにくい

線引き②

✔ 本社・事業いずれかが決裁を行うが、一定の基準に基づき範囲を切り分け
⇒ 求心力と遠心力いずれを重視するか、本社の役割に応じた設定が必要

定量的な範囲設定

✔ 一定の金額基準に基づき、本社と事業の決裁範囲を定義（以下例）

投資：50億円以上は本社、
　　　それ以下は事業内で決裁等

経費：1000万円以上は本社、
　　　それ以下は事業側で決裁等

【備考】

・事業の格に応じて範囲設定を変えるケースがある

・包括的な承認により事業側に権限を委譲するケースもある

範囲設定イメージ		
	決裁領域	
	投 資	経 費
本社の決裁権限	50億円以上の投資	1000万円以上の経費
事業側の決裁権限	上記未満の投資	上記未満の経費

ただし、権限委譲と統制強化いずれを図るにしても、往々にして現状から大きく変わらない設計にとどまってしまうケースも多い。組織再編を通じて真に経営・現場にインパクトをもたらそうとするのであれば、思い切った水準の設定を行うことが望ましい。

▶ 2. 経営機構・役員体制の設計

ガバナンスの主体としての経営機構・役員体制の在り方は、組織再編目的の達成に向けたキーポイントとなりやすい。とはいえ、属人的な要素も含めた検討になるため、プロジェクトチームとは別の枠組み（秘書部主体等）でクローズに検討されるケースも多いが、バイネームでの指名はともかく、求める要件は本来的にプロジェクトの一環として定めることが望ましい。

経営機構・体制の最適化は、社内の政治力学もあり「平時」では容易な取り組みではない。しかし、組織再編という「有事」はそのトリガーとなり得る。組織再編を通じて実現したい将来像を大義名分として、取締役を中心とした経営体制の最適化を踏み込んで実現すべきである。

経営機構

ここでの経営機構とは、監査役会設置会社、監査等委員会設置会社、指名委員会等設置会社といった形態を指す。最適な形態の選択には、いわゆる監督と執行の分離の必要性をどのように考えるかが特に重要な視点となる。前述の通り、本書は主に執行側におけるガバナンスを対象としているため、詳細は割愛する。

役員体制

特に求める経験・スキルに応じた人選や、全体の人数規模、社外役員の比率等が論点になりがちである。例えば事業の多角化や事業構造の転換等に際しては、従来の主力事業出身者を中心に構成され

た取締役体制は知識、経験、思考の偏りといった面で有効に機能しにくいケースもある。また、社内論理中心の経営からの脱却が必要な局面においては、社外取締役の増員が有効に働くケースもある。このように、経営層が果たすべきグループの重要な意思決定事項がどのように変質するか、それを踏まえた最適な体制構築が求められる。

親子会社間での役員の兼務

　特に分社・持株会社化のような親会社・子会社間の関係性に焦点が当たる組織再編に際しては、親子間での役員兼務が重要な論点となる。遠心力を利かせる局面においては、親子会社間での兼務が多い、あるいは親子会社のトップが兼務といった形は、本来発揮したい遠心力の阻害要因となりやすい。一方で、子会社の状況可視化や子会社における意思決定にグループ全体の目線を加える必要性等の視点で兼務が有効な側面もある。

　親会社から子会社への役員の派遣・兼務、あるいは子会社籍の役員による親会社の兼務、双方について必要性や派遣・兼務ポジションを考えることが必要である。

▶ 3. 会議体の設計

　組織再編は、経営会議や各種委員会のような重要会議体や、より実務的な会議体の位置付け・役割・構成を抜本的に見直す契機となる。具体的には、既存の会議体の役割・アジェンダを棚卸しし、決議・審議・管理監督・協議等のカテゴリに分けて整理・体系化を行い、集約化や振り分けを行ったうえで会議体として再構成する。一般的に会議体の数は最小化し効率的に運営することが望ましく、整理の過程で後述のようなスリム化を図ることが有効である。

　また、組織再編目的に応じた新規の会議体の設置を考えることも必要となる。例えば、求心局面においてシナジー発揮をドライブする専用会議体や、遠心局面における本社と遠心化する組織間で最低限必要

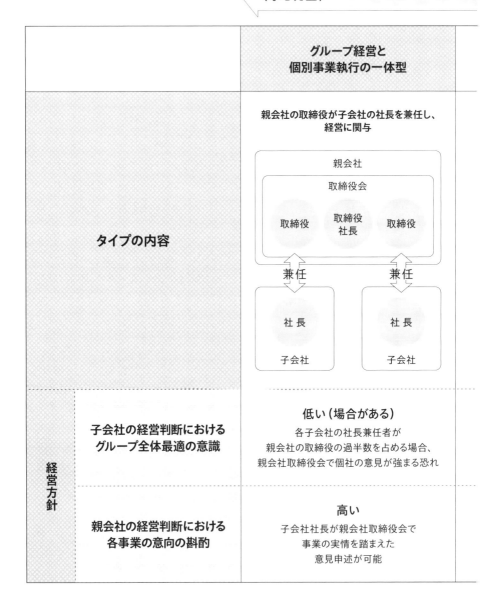

（求心力型）

		グループ経営と 個別事業執行の一体型
タイプの内容		親会社の取締役が子会社の社長を兼任し、 経営に関与
経営方針	子会社の経営判断における グループ全体最適の意識	低い（場合がある） 各子会社の社長兼任者が 親会社の取締役の過半数を占める場合、 親会社取締役会で個社の意見が強まる恐れ
	親会社の経営判断における 各事業の意向の斟酌	高い 子会社社長が親会社取締役会で 事業の実情を踏まえた 意見申述が可能

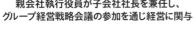

	ガバナンスタイプ	（遠心力型）

バランス型	グループ経営と 個別事業執行の分離型
親会社執行役員が子会社社長を兼任し、 グループ経営戦略会議の参加を通じ経営に関与	子会社の社長は、経営に関与せず、 事業執行に専念

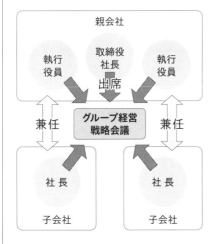

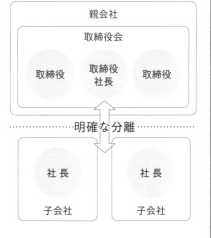

一定程度高い	高い
親会社取締役会は、経営戦略会議での 子会社の意見も踏まえながら、 グループ全体最適の視点で意思決定が可能	親会社取締役会は、 グループ全体最適の視点で、 グループ経営の意思決定が可能

一定程度高い	低い
子会社社長が経営戦略会議で 事業の実情を踏まえた 意見申述が可能	親会社取締役会は専任者のみのため、 子会社の意向を把握しにくい

な情報連携を担保するための会議体等が考えられる。

　加えて、会議体の位置付け・目的や参加者の変更についても論点となることもある。よく論点となるのは、いわゆる経営会議（社長の諮問機関）の位置付けである。取締役会と内容や参加者がほぼ重複しプロセス上の重複になってしまっているケースや、経営会議でありながら実務的な決議事項に忙殺され、本来討議すべき経営戦略等のアジェンダに時間投下できていないといったケースを多く聞く。組織再編を機として、会議体間の役割分担の見直しや、それに合わせた役員以下への権限委譲を行うことも、必要に応じて検討することが望ましい。

組織再編を機としたゼロベースでの会議体のスリム化

　組織再編そのものと直接的にリンクするわけではないが、会議体の抜本的効率化を行うことも併せて考えたい。過去の経緯の中で会議体が増殖し、意義は少ないながら惰性的にやっているもの、位置付けや内容が半ば重複しているもの等、参加者、特に経営層の時間的リソースを圧迫しているケースが少なくない。組織再編を機に、改めて会議体の全体像を可視化し、必要な会議体の絞り込みや参加者の限定化を行うことも検討ステップに組み込むことで副次的な効果を期待できる。

▶ 4. 経営管理制度（KPI、マネジメントサイクル）の設計

　組織に対してどのような目標を与え、どのように管理・評価をするかという経営管理は、本社が事業や地域をコントロールするための重要な要素である。他のガバナンスの項目と同様に、戦略の実現に向けて、以下の要素を一貫して設計していくことが重要である。

① 全体目標達成に向けて、各組織に対してどのようなKPIを目標として置くか

② 本社と事業の間でどのようなプロセスによって目標を定め、進捗状況をモニタリングしていくか

③ 結果に対してどのような形で評価を行い、インセンティブを与えて
　いくか

① 管理指標・KPI
　　各組織（本社・事業・地域統括会社等）のミッション・役割に合
　わせてどのような責任をもつべきかを明確にする。例えば、事業側
　の責任としてPLのみで管理をしていくのか、あるいはBSの視点を
　意識したマネジメントも求めるのかといった点である。
　　前提となる役割と責任を明確にしたうえで、各組織の具体的な
　KPIを定めていく。KPIは各組織の役割・責任を果たすうえで重要
　となる指標を現場起点（ボトムアップ）で設定するだけでなく、全
　社的な経営指標や事業戦略にひも付く形（トップダウン）で構成し
　ていくことが重要である。

② 目標設定・モニタリングプロセス
　　管理指標・KPIを定めたうえで、目標設定に向けて本社と事業の
　間でどのようなプロセスによって目標を定め、設定された目標値に
　対して、どのようなモニタリングプロセスで管理していくかを定め
　る必要がある（P.120／図表3-11）。
　　ここでポイントとなるのは、本社がどの程度、対象となる事業／
　組織の目標設定・モニタリングのプロセスに深く関わるかである。
　遠心力を利かせてより投資家的に信賞必罰で管理していくか、アド
　バイザー的に寄り添っていくか。戦略的な目的や事業の成熟度・ケ
　イパビリティを考慮しながら本社としての「スタンス」を明確化す
　ることが重要である。

③ 評価・インセンティブ
　　目標に対する実行の結果として、どのような考え方で評価・イン
　センティブを与えていくのかについても、設計の重要なポイントと

事業内容は任せる

関与度合い：低

		投資家型
	本社の役割	● 事業ポートフォリオマネジメントを担う ● **事業の結果**のみに着目（執行は委ねる）
類型毎の経営管理手法イメージ	**1. 目標設定**	✓ **結果指標のみ**を設定 ✓ 目標は**事業（会社）単位**で設定 ✓ 主に**トップダウン**での目標設定
	2. モニタリング	✓ **事業（会社）単位の結果数値を**中心にモニタリング ✓ 目標未達時は**各社での対応を指示**
	3. 評価	✓ **会社単位**で資源・裁量枠等に反映（活用方法は各社に委ねる） ✓ 主に**個社単体の業績**を重視・反映

事業を一緒に実施 ▶

関与度合い：高 ▶

	戦略家型	アドバイザー型
	● 子会社経営における戦略立案を担う ● **事業の方向性**は定める	● 子会社の戦略立案および事業執行への 　アドバイスを担う ● **事業運営にも適宜介入**する
	✔ 結果指標に加え 　**プロセス指標も**設定 ✔ 目標は事業（会社）単位で設定	✔ 結果指標に加えプロセス指標も設定 ✔ 目標は**部署単位**で設定 ✔ 主に、本社・事業（会社）間で 　**すり合わせ**
	✔ 事業（会社）単位の結果数値に加え、 　**各社の詳細事業状況**をモニタリング ✔ 目標未達時は各社での対応を 　指示するとともに 　**必要な資源配分等を実施**	✔ **部署レベルの事業状況**まで 　モニタリング ✔ 目標未達時は**共同で対応を検討**
	✔ **各社経営層**の処遇にも反映	✔ **各社一般従業員**の処遇にも反映 ✔ 個社業績に加え、 　**グループ業績**も重視・反映

なる。一般的に、日本企業においては、評価結果によるインセンティブの傾斜は大きくない傾向にある。しかし組織のミッション・位置付けによっては、しっかりとインセンティブを設計し大きく任せるケースもある。結果で報いる仕組みを導入することで、目標達成に向けた真剣度合いが大きく向上するとともに、外部人材のモチベートのしやすさから採用力にも影響し得る。

▶ 5. 資産・資金管理の設計

社内であっても事業に対して健全な緊張感をもった牽制関係を構築するうえでは、カネ、すなわち財務・収益構造の設計も重要なポイントとなる。ここでは主な論点として、資産の配置、グループ内取引、資金管理の観点について言及したい。

資産の配置・もち方

組織再編や機能の移管に伴い、グループ内外での企業間の資産のもち方を適切に設計する必要がある。事業上の設備、工場やIT、また知的財産等の無形資産も含めて、各資産についてその性質と組織再編の目的に応じて、保有・使用・管理の観点から、どの会社がどの資産を保有すべきかを設計していく。特にグループ一体での活用となりがちな不動産や知的財産が、ガバナンスの観点から論点となりやすいが、グループ・事業のコアとなる資産の見極めが重要となる。

ある企業においては持株会社化によって、事業会社に権限を大幅に委譲する一方で、コアとなる重要な資産は持株会社で保有することでガバナンスを利かせるようなケースもあるように、ガバナンスの観点から一貫した設計が求められる。

グループ内取引

上記の資産にひも付く資産の利用料に加えて、グループ内での経

営指導料やSSC等の管理コスト、またグループ内の商品取引価格といった、グループ内取引においても、本社・事業間および事業・事業間において、健全な取引関係を設計し、互いに牽制をかけることで収益性に対する意識改革が期待できる。

例えば、本社としての費用については、事業側に対して請求する代わりに、説明責任を果たすことで事業側からの牽制をかけることができる。

資金管理（配当性向等）

最後に重要な観点として、資金をどの程度事業／子会社に置くかを設計するうえで、配当性向の設計がある。

グループ内だからといって完全に一律の100%や親会社の株主配当と同水準に設定するのではなく、事業の戦略的位置付けや組織再編の目的を考慮して、事業に一定の自由度をもたせながら事業が自律して資金をもち投資を認めていくことも重要になる。

▶ 6. 人事管理（人事権、人事籍、人事制度）の設計

ガバナンスにおける最後の要素として、人材管理の設計について触れたい。言わずもがな、企業・組織は人によって動いており、組織再編に伴い人的な資源を最大限活用していくことが求められる中で、ガバナンス上の設計も重要な視点となる。

ここでは、組織再編に関連した人事権、人事籍、人事制度について触れたい。

人事権

ガバナンスの要は取締役をはじめとする役員や人事異動を含めた人事権に関連したものである。よって、主要なポジションの人事権は本社が集約してガバナンスをかけていく一方で、事業に関わるところは自律性の観点から渡していくといったように、他の権限と併

せて、人事権についても、組織再編に合わせてどこがどの程度もつのかを明確にしておくことが重要となる。

人事籍

　組織再編に伴い、会社分割や子会社統合等に伴い、人事籍の異動が生じ得る。人事籍は人事権と密接に関わっており、籍がある会社が実質的な人事権をもつケースが多い。制度上は人事権を新会社に委譲したものの、自由にコントロールできる人員が当面存在しない、といったことも起こり得るため、一体的な設計を行うことが望ましい。

　一方で、人事籍の異動については、労働組合も含めて従業員の関心が高く、大きな障壁になる場合が多い。これらの背景から、組織再編の際に本来企図していた人事籍の配置を避けて経過処置とするケースも多く見られるが、組織再編のタイミングで人事籍の異動を見送ることによって、効果の発現が大きく後退するケースが見られる。

　従業員に対する丁寧なコミュニケーションを取りながら、会社分割であれば分割会社に移行、SSC子会社の集約であれば人事籍を移管する、といったように、組織再編の目的に応じて、人事籍も見直していくことが重要である。

人事制度

　人事の制度についても、組織再編の目的に応じて不断に見直していくことが重要となる。人事制度は事業・会社の性質に応じて可変であるべきであり、一貫した設計が求められる。一方で一定の人材環流の仕組みを担保するうえで、グレードを合わせていく等の設計も工夫していくことが重要となる。

　特に事業特性が異なる複数事業を営むようなケースにおいては、各事業が採用市場に最適化した人事制度設計ができるよう、制度設

計の一定の自由度を担保していくことが有効となる。

特定の組織再編パターンにおけるガバナンス設計例

ここまででガバナンスに関わる各要素それぞれのポイントを概観してきた。一方で、実際の検討に際しては、これらを一気通貫で再編の目的や形態に応じて、また論点に濃淡を付けて設計していくことが必要となる。よってここからは、2つの再編局面を例に取り、ガバナンス設計のイメージを紹介したい。

▶ 持株会社化におけるガバナンス検討の場合

事業の自律化による経営スピード、収益性強化、およびグループ目線の経営資源配分最適化等を目的とした持株会社化の場合は、上述の要素の全域が論点となり得る。

ガバナンス方針

上述のような目的である場合、事業の自律化の加速が第一であるため、権限や制度設計の自由度は大胆に高めていくことが基本である。一方で、持株会社としての統制を利かせるためには、役員の人事を握り、業績について信賞必罰で評価していくとともに、新規事業を含めた経営資源の配分ができるよう資金面でのガバナンスを利かせていくような設計が必要となる。

権限配置

事業の自律化を加速化していくには権限を大胆に渡していくことが重要である。よくある失敗例としては、分社化したものの、権限を渡しきることができずに、事業の自律性が高まらず、一方で意思決定の階層だけが重層化していくようなケースが挙げられる。事業の経営スピードを高めて、経営を自分事化し、経営のマインドをも

たせるためにはしっかりと権限を渡しきることが必要になってくる。

　具体的には、事業の経営スピードに直結していく領域として、M&A・アライアンスや事業投資に加えて、人事制度等の設計に自由度をもたせて、事業特性に応じた人材の採用・育成をしやすいようにしていくことが考えられる。

　過去の決裁案件を振り返るとよく見えてくるが、多少基準を引き上げたとしても付議不要となる案件は意外に少なく実質的に効果が薄い、といったことも多い。実質的な遠心効果を期待するのであれば、踏み込んで権限委譲を行うことが有効である。持株会社化に際して、親会社の取締役会に付議すべき基準を、金額ベースで3倍に引き上げたようなケースもある。

経営機構・役員体制

　事業会社の取締役の構成として、持株会社からどの程度の人数・職位のメンバーをどのようなポジションに派遣するのか、また社長のポストを独立させるのかが論点となる。

　権限配置と同様に、事業の自律化を志向する場合においては、持株会社と事業会社の役員配置についても、兼務は最小化して自律経営を促進していくことが望ましい。権限を渡したものの、実質的な経営陣は持株会社によりほとんどグリップされている状態であれば、意思決定プロセスの重複感が増し非効率が生じることに加えて、事業会社側の自律経営マインドの醸成も阻害され得る。少なくとも事業会社の社長は、事業会社専任にすべきと考える。

　一方で、完全に兼務をなしとしてしまうのも、グループ方針の共有や事業会社の状況把握のしやすさの観点から望ましくはない。事業会社へ非常勤取締役を派遣する、あるいは事業会社のトップが持株会社の執行役員を兼務するような形で、相互連携を保つような設計も有効となる。

　なお、特に持株会社化後の初期のタイミングにおいて、権限を渡

す代わりとして、過渡的に役員の兼務を強めるケースはある。ただしこの場合も過渡的な措置として、少なくとも2〜3年、兼務自体も徐々に解消していくことが望ましい。

経営管理制度

事業の経営意識を変えるうえでは、経営管理の仕組みは重要な要素となる。事業の自律化を促進する場合においては、持株会社が全社方針・戦略の観点から期待目標やガイドを提示するものの、その達成に向けた戦略・戦術やKPI・水準は事業会社が自律して策定し、その結果に対しては、信賞必罰で評価をしていくことが基本的な考え方となる。

日本企業では、事業を分社化したものの、経営目標の設定やモニタリングのプロセスにおいて、事業の中身自体や進捗に対して持株会社が分社前の感覚のまま細かく助言をしていくケースも多い。しかし、原則として、目標として合意・コミットした数値に対して、事業会社が自身の判断のもとで経営していくことが自律経営である。「業績が足りなければ持株会社が助けてくれる」「持株会社があれこれ言ってきて自身の判断を通せない、あるいは経営スピードが高まらない」という意識がある限り自律経営は促進されず、結果として収益性の向上につながらないケースが多い。

資産・資金管理

分社化する以上は事業会社が資産・負債・資本といったBSの管理をしていくことが前提となる。よって、当該事業用の資産は当然として、事業運営上必要な外部借入等の有利子負債を特定し、財務健全性や資本効率等を適切に測れる形をつくることが必要である。一方で、グループで共用する事業インフラのようなコア資産については、持株会社で保有し、グリップを利かせられるようにしておくことも重要である。

資金管理については、外部からの資金調達はグループの財務戦略の

観点等から持株会社が一元的に行い、事業会社に貸し付ける形をとるケースが多い。事業成果としての内部留保については、持株会社による全体最適での活用と事業会社の自律経営のバランスのため、例えば資本コスト相当の配当を原則とする、あるいは当初計画以上の収益は各社が留保する等、一定の考え方に基づき持株会社と事業会社で分配するようなやり方が考えられる。

人事管理

　事業の自律化を志向する以上は人事管理も事業会社が自律的に運営できるようにする必要がある。人事籍は分社化のタイミングで事業にしっかりと移管し、採用や育成についても各社で対応できるよう、必要な管理機能や仕組みを整えていくことが基本である。

　また、人事制度についても、事業の特性が異なる以上は、事業性質・競争環境に応じて、最適な人事制度にしていくことが望ましい。分社化したものの、人事制度・給与水準も結局ほとんど変えられていないケースは実は多い。よって、そのような自律的な制度設計を志向する場合は適切に権限委譲を行うことが望ましい。

　一方でグループ全体の目線で人材を育成・輩出していく視点も必要となるため、対象となる人材カテゴリを特定のうえ、持株会社がその異動・育成等をコントロールできるよう、必要な機能や権限を保持する、あるいはグループ内でのローテーションや異動ルール等を整備することも重要である。

▶ 地域統括会社設立に際してのガバナンス検討の場合

　海外における事業推進は、日本本社－地域統括会社－各国現地法人という構造で推進されるケースが多い。ここでは、これまでは日本本社－各国現地法人という体制で海外事業を推進していた企業が、新たに地域統括会社を設立する場合のガバナンス上の論点について紹介したい。

ガバナンス方針

　当然のことながら、地域統括会社を介したガバナンスの在り方は、当該地域統括会社の役割によるものとなる。ガバナンスの観点では、一般的に大きく以下2つの側面での役割をもち得る。

- 攻めのガバナンス

  地域軸での収益責任に基づく、戦略や投資等に関する統制

- 守りのガバナンス

  リスク管理、コンプライアンス等の機能軸での統制

　会社に応じてこの役割のどこまでを担うかは異なる。双方の役割を担うケースもあれば、攻めのガバナンスは事業軸で担保し守りのガバナンスに注力するケースもある。また、特にこういったガバナンス機能は担わず、地域における事業ラインへのサポートのみ担うケースもある。ガバナンス方針においては、まさにこの地域統括会社の役割を明確化しておきたい。

　この役割は、地域軸でのマネジメントと事業軸でのマネジメント、いずれを重視するかによって決まってくる。さまざまな考え方はあるが、例えば以下のようなケースにおいては、地域統括会社による地域軸でのマネジメントが必要となりやすい。

- 現地法制度や商慣習が特殊であり、事業軸とは別に地域軸での戦略立案やオペレーションが求められる

- 地域戦略または事業特性上、複数事業におけるプロダクト・サービスを一体的に提供することが期待される

- 業務品質等の観点から、機能軸でのオペレーションを一元的・集約的に実施することが望ましい

　とはいえ、事業特性や海外進出の歴史等により、一概に決められるものではない。いずれにせよ、この事業軸と地域軸どちらのラインでマネジメントをとるべきかは、事業特性や事業ステージ、海外成熟度、ケイパビリティによっても変わってくるため、常に最適な

体制を見直し続けることが重要である。

攻めのガバナンス

　地域統括会社に地域軸での収益責任を負わせる場合は、地域軸での戦略立案やその実行に必要な投資等の権限を保持することが必要となる。

　防ぐべきは、地域軸を優先し収益責任を負わせたにもかかわらず、必要な権限やケイパビリティが不足し、各事業ラインでの地域での意向を積み上げただけの活動しかできないケース等である。

　事業軸と地域軸、優先すべき軸を見定めたうえで、業績責任、レポートライン、執行権限や人事評価権等をセットで設計することが求められる。また、いずれを優先するにしても、事業軸での意向（事業部門ライン）と地域軸での意向（地域統括ライン）の調整のやり方を明確化しておくことも必要である。例えば、戦略・計画段階や評価段階での双方の意向の調整プロセスの整備や、最終的な責任主体の明確化等である。

守りのガバナンス

　基本的に本社の出先機関として地域統括会社が担うこととなる。地域・国毎に異なる法制度や商慣習、リスクレベルの中で一元的にマネジメントするのは容易ではなく、より近い位置・現地に知見のある人材での運営が有効となるためである。具体的には、経理、人事、法務といった、業績管理やコンプライアンス等のリスク対応に関わる方針・業務ルール等のガバナンスが該当する。

　地域統括会社が各種業務を集約対応すること自体がガバナンスを担保する1つの方策となる。集約的・標準的なルール・プロセスで業務を行うことで、齟齬や不正が入り込むリスクを抑えるのである。よって、前述のような管理機能は、特定国固有のものや現地でないと対応が難しいものを除き、極力地域統括会社に集約することが望

ましい。

　また、レポートラインや権限（特に人事評価権）の設計も重要となる。地域統括会社内の各本社部門（経理、人事、法務等）は、地域統括会社トップを向いて仕事をするのか、本社の各部門を向いて仕事をするのか、という点である。これは攻めのガバナンスと同様に、管理責任を誰がもつのか、すなわち地域に対する管理責任を地域統括会社に委譲するのか、本社部門がグローバル横断で管理するのか、という目線で考える必要がある。海外展開途上等、本社部門がグローバルレベルでの管理ケイパビリティをもっていないケースにおいては、地域統括会社が実質的に管理責任を担うことが考えられる。一方でグローバルでの管理や制度の一元化を企図する場合は、機能軸でのグローバル統一的な方針発信や直接的な人事評価を行うことが有効となる。よって、自社のケイパビリティ等も踏まえて、最適な責任配置と、それに応じたレポートラインや権限配置等を定めることとなる。

ガバナンス設計における難所・ポイント

▶ あえて振り切ったスタンスをもつべし

　組織再編の本質は、グループや会社全体の在り方を変えることで、経営層や従業員のマインドやアクションの改革を図り、将来戦略にアジャストさせることである。しかし現実においては、過度なリスク回避思考や事なかれ主義により、現状プラスアルファ程度の改革にとどまり、会社の形は変えたが実態は変わらず、となってしまいがちである。例えば、事業を分社したが、全てを任せ切るのはリスクが拭い切れないので、権限委譲は当面は最小限にとどめておこう、といった思考である。

　そのため、あえて振り切ったスタンスで設計を行うことを推奨したい。もちろん、リスクを無視して乱暴に権限を渡せばよい、と言いた

いわけではない。ただ、どの会社やプロジェクトであっても、上述のようなリスク回避思考は少なからず内包されているため、プロジェクトリーダーとしては振り切った仮説を提示し、議論不足のまま現状踏襲の雰囲気に流されることがないようにする必要がある。

▶「あるべき」を忘れず、抵抗感に立ち向かう

上記の点に関連し、特に遠心局面において多く見られるのが、自律強化・権限委譲を行うにしても、任せる側のケイパビリティの不足や、権限を手放す管理側の抵抗感（自身の存在意義の消失、リスク上昇への危機感等）から、せっかくの振り切った仮説が受け入れられないケースもよく見られる。それに関しても、以下のような視点をもって、当初目的に資する設計を実現していくことが重要である。

任せることで人を育てる

人は任されることによってケイパビリティを高めることにつながる。個人レベルの話ではあるが、組織レベルでも同様である。難しい意思決定を任せるからこそ、多面的に物事を捉え本質を見極める力が養われる。リスクが高いから任せない、ではなく、将来的なリスクを提言するためにあえて任せる、という思考が不可欠である。

どうしてもリスクへの不安が拭えないということであれば、権限は渡しつつも事後的なモニタリングや意思決定基準・プロセスの標準化、委譲先の内部統制強化等を通じてリスク低減を両立させることも十分に可能である。目的志向でまずは一歩大きく踏み出すことを心掛けたい。

手放すことによる責任の所在を明確化する

権限を手放す側（経営陣や管理部門）の抵抗感もよく見られる。リスクコントロールも重要な視点であるため、もちろん配慮は必要である。権限を委譲することを通じて当該管理機能に何を期待する

のか、例えば重要リスクに重点を置いて管理してもらいたい、あるいは事業に対するコンサルティング機能強化等の新たな役割を担ってもらいたい等といった視点で権限を委譲する側の責任範囲や期待役割を明示することで、単にやること・権限を手放すだけ、といった形にならないような配慮が必要である。

　また、「何となく手放し過ぎ」「何となくリスクが高そう」といったイメージトークになりがちでもあるので、なぜ権限の留保が必要なのかを過去の事例等をひもとき説明する、あるいはどこまでの委譲が必要だと言っているのか過去の案件等を並べながら説明する、といった地に足の着いた建設的な議論を心掛けることも重要である。

▶「あるべき」のイメージを明確にもっておく

　本章でも繰り返し述べてきたところではあるが、上述のようにさまざまな抵抗を受けながらも組織再編目的に直結した設計を実現するためには、ガバナンス方針のような形で、「目的を考えると、結局どのような設計にすべきか」というゴールイメージを、プロジェクトリーダーやコアメンバーがもっておくことが不可欠である。だからこそ、プロジェクトの早い段階、言い換えればさまざまな関係者が入り乱れるフェーズに入る前に、全体俯瞰した方針をもっておくことが重要なのである。

▶「外」との比較を通じて論拠を補強する

　「あるべき」設計を通すためには、論拠を補強する意味で、他社の取り組みに目を向けることも有効である。「ここまで振り切った設計をしているのか」「こういうやり方もあるか」といった形で、すでにそういった設計を実現している事例があるということは、聞く人の耳に納得感を与える。

　もちろん、置かれている経営環境や組織的ケイパビリティ等は各社各様であるため、何も考えずに「他社はこうだから」と述べるのは意

味がない。よって、どのような方向でどこまで振り切った設計にすべきか、という思想レベルでは他社を参考としつつ、自社への具体的な適用にあたっては、自社の過去の課題や実案件等のファクトに立脚し、その両面から最適な設計を考えていくことが有効となる。

要諦 **6**

組織再編目的に応じて機能の
配置・ケイパビリティの強化を図る

● 組織再編における機能の配置とは

　組織再編を法人や部門といった組織構造（ハコ）の再構成だけに終わらせず、戦略実現に向けた変革を引き起こすためには、各組織にどのような機能を置くかが極めて重要な論点である。各機能を十分に働かせるための体制を整備し、新たなケイパビリティを装着することで機能の強化を図ることが組織再編の狙いの１つでもある。

　本パートでは、実際のプロジェクトにおいて戦略・組織再編目的を踏まえた機能配置を実施する手順について説明する。

● 機能配置アプローチの全体像

　機能配置は以下の４つのステップで進める。

▶ Step 1　機能配置方針の策定

　組織再編によって実現したいことを踏まえて、各組織にどのような機能を配置するかの方針を定義する。

▶ Step 2　機能の強化・新設の構想策定

　機能配置方針を踏まえてあるべき保有機能を具体的に考え、現状の保有機能に不足がある場合はどのようにして必要なケイパビリティを拡充するかを検討する。

▶ Step 3　機能の詳細配置ロジック設計

　Step 1で各組織に配置した機能について、業務レベルにブレイクダウンして機能を詳細に配置するにあたり、判断をサポートするロジックを設計する。

▶ Step 4　機能と人員の詳細配置

　Step 3で設計した配置ロジックに基づいて、各部門が保有している既存機能および新規に強化・設置する機能の各組織への配置案を策定し、各部門と合意形成する。

● Step 1　機能配置方針の策定

　組織再編によって解決したい課題および各組織のミッションを踏まえて、組織再編後の各組織に「どのような機能を配置するか」の方針を策定する。本ステップで検討する機能とは、ハイレベルな基本機能群として以下のようなものを指している。

▶ 代表的な基本機能

① グループ戦略機能

　グループ全体の中長期ビジョン策定や経営資源配分にかかる意思決定、事業ポートフォリオ戦略の策定・実行、グループブランド戦略等

② グループ投資・事業育成機能

　M&Aや新規領域への投資、新規事業の開発・インキュベーション等

③ 上場・法人維持機能

　内部統制・監査やコンプライアンスを含めたグループガバナンス、IR（Investor Relations、インベスターリレーションズ）・渉外等

図表 3-12　各組織への配置方針として検討する基本機能

基本機能	機能詳細	具体的な業務例
① グループ戦略	グループ全体の成長に向けた 基本方針や戦略策定および その補完機能	・中長期ビジョン策定 ・全社戦略、経営資源配分
② グループ投資・ 事業育成	新規事業の育成・ インキュベーション、 研究開発・技術開発等	・新規事業の投資・育成 ・研究開発、生産技術開発
③ 上場・法人維持	上場法人として維持すべき、 内部統制、内部監査、 IR等に関する機能	・決算説明、IR ・全社渉外 ・内部統制、内部監査 ・CSR
④ グループ資源管理	グループ共通の資源管理、 共通インフラの 構築等にかかる機能	・資本・財務管理 ・グループ人材管理
⑤ 共通基盤	間接機能の中でも 全ての部門が利用する 特に共通性の高い機能	・経理、人事、総務、IT ・調達、物流
⑥ 事業戦略・管理	各事業の戦略策定、 経営管理、 およびその支援等	・事業企画、事業計画
⑦ 事業遂行	価値を創出・提供する バリューチェーン機能	・製品開発、営業、生産

グループとしてのステークホルダー対応等

④ **グループ資源管理機能**

財務、人材、知財、固定資産等の経営資源のマネジメント等

⑤ **共通基盤機能**

経理、人事、法務、総務等の間接業務、品質保証や調達、物流等の
事業支援業務等

⑥ **事業戦略・管理機能**

各事業の戦略策定、経営管理、およびその支援等

⑦ **事業遂行機能**

価値を創出・提供するバリューチェーンを構成する業務（営業、生
産等）

▶ 各組織への基本機能の配置

ここで配置先となる「組織」とは、例えば「持株会社」「事業会社」
「シェアードサービス会社」「地域統括会社」といった粒度の単位とな
る。

各組織のミッションに基づいて、配置すべき基本機能を定義してい
く。その際、機能配置後の各組織の人員数規模をある程度見定めたう
えで次のStep以降の工程を進めることが肝要である。

機能配置方針の策定の例として、「事業への権限委譲と小さな本社
の確立を目指して持株会社体制に移行」するケースを簡略化して記載
する。

持株会社への配置機能

グループ全体の経営をミッションとする持株会社には、中長期目

線でグループ全体の事業ポートフォリオ最適化に注力するため必ず
グループ戦略機能を配置する。一方で他のコーポレート機能（前述
の基本機能②～⑤）をどこまで持株会社に配置するかは必ず論点に
なるポイントである。持株会社をいわゆるスリム化されたコーポ
レートとすべく保有機能を絞り込む場合は、例えば上場・法人維持
機能や経営資源管理機能等は、一部を除いて機能子会社に配置する
こともあり得る。

事業会社への配置機能

　自立した事業運営を行って事業価値を高めることをミッションと
する各事業会社には、事業運営に必要な事業戦略策定・経営管理機
能および、事業遂行機能を配置する。したがって、そのような機能
の一部が現状において持株会社や本社部門に配置されている場合は、
どこまで事業会社に再配置(前線へシフト)するかが論点になり得る。

機能会社（シェアードサービス会社）への配置機能

　各事業会社や持株会社に対して業務サービスを提供する機能会社
には、グループ資源管理機能や共通基盤機能を配置する。このよう
な機能が事業部門にも配置されている場合は、それをどこまで集約
するかが論点となり得る。近年の傾向としては、一般的にシェアー
ドサービス化されている共通的なオペレーション業務だけでなく、
専門的知見に基づく高度な業務（プロフェッショナルサービス業務
やエキスパート業務と呼ばれることが多い）まで配置することが多
いといえる。また、物流や調達といったグループ資源管理機能にお
けるグループ全体の共通的な戦略策定までを機能会社で実施する
ケースが増えてきている。

● Step 2 機能の強化・新設の構想策定

　戦略実現のためには、既存の機能を再配置するだけでなく、組織再編を契機として新たな機能を拡充・具備することが通常である。今後必要となる機能・業務を設計し、それを遂行できる人材をどのようにして育成・獲得するかの計画を策定する。

▶ 各組織への新規機能構築の例
持株会社や本社部門への新機能構築
　事業部門への権限委譲や機能移管を経て、本社部門では各事業の運営よりもグループの将来に向けた仕事に注力することになり、以下のような機能を具備していくケースがある。

① インテリジェンス機能
　インテリジェンス機能とは、社内外の各種情報・データを体系的に収集・分析し、そこから導かれる予測・示唆の提示を通して経営層の意思決定を支援する機能である。社内情報の収集・分析は十分に実施ができているのに対し、外部情報については市場や競合に関する調査にとどまっている企業が多かったが、中長期戦略を策定するためには技術や環境、人口動態等のメガトレンド分析が必要となるため、近年では当該情報の収集や分析に専門的に取り組む機能を設置する企業が増えてきている。

② M&A・アライアンス推進機能
　非連続な成長に向けて、本社部門でも各事業でもM&Aやアライアンスを実施するケースは増加傾向であり、成功確率を高めるための推進サポート機能の必要性も増してきている。M&A・アライアンスの戦略策定から案件の組成、ディールの推進、統合実務までのプロセスを定義し、当該プロセスに則って各プロジェクトをサポー

トするPMO（Project Management Office、プロジェクトマネジメントオフィス）機能がその中心である。抜け漏れや遅延なくプロジェクトを進めるための工程設計や、判断における客観性の担保、経理財務部門や法務部門との橋渡し等を行うとともに、各プロジェクトで得られた知見を蓄積・活用するための取り組みも行われることが多い。

③ 事業ポートフォリオ管理機能

　事業ポートフォリオ最適化への取り組みがなされている企業においても、仕組みを確立して継続的に実施している企業は少ないといえる。各事業に権限を委譲した場合、持株会社や本社部門は投資家的な視点も踏まえて各事業を評価し、投資や撤退等も含めた意思決定を行うことが必要となる。そのため、中長期目線で判断するための事業評価手法・意思決定ルールの整備や、インテリジェンス機能と連携した事業ポートフォリオの変換案・オプション策定、M&A・アライアンス推進機能と連携した変革推進を行う機能を強化する企業が増えてきている。

事業会社・事業部門への新機能構築
① 事業企画機能

　各事業体が自立して自主的に事業運営する方針に基づき組織再編を行う場合、各事業体には事業運営に必要な全ての機能を備えるべく機能拡充がなされることが多い。例えば新規事業が独立して事業会社となった場合には、従来は本社部門が担っていた経営管理機能や事業企画機能が不足していることがあり、事業会社内に新たに構築することが必要となる。この場合は本社部門から当該スキルを有する人材を異動させるケースや、当面は本社部門からのサポートを継続しながら事業会社内にスキルを移転していくケースが多い。

機能会社・シェアードサービス部門への新機能構築
① 経営企画機能

　これまで間接機能部門であった組織も、自主自立した運営を始めるにあたっては、経営企画の機能を具備する必要があるのは事業会社や事業部門と同様である。具体的には、部門横断の効率化・高度化企画・推進、外販等の戦略立案等の機能をもたせることが多い。

② ベンダーマネジメント機能

　各事業部門に対して各機能の役務・サービスを効率的・低コストで提供し、より付加価値の高い業務にシフトしていくことが求められるため、一部の業務機能をBPOベンダー等の外部機関にアウトソーシングすることも多いのが機能会社・シェアードサービス部門の特徴である。この場合、業務自体を外部に移管する代わりに、適切なコストとサービスレベルを維持するためのベンダーマネジメント機能が重要となる。契約管理だけでなく、SLA（Service Level Agreement、サービス水準にかかる合意書）の管理やベンダー評価等を実施するための業務設計やケイパビリティ構築を行う。

▶ 必要なスキルの育成・獲得方法

　現状において組織・人材が有するスキルとのギャップの大きさや緊急度を踏まえて、以下のような方策から選択・組み合わせて計画を策定する。とはいえ、ケイパビリティ・人材の具備は一朝一夕にできるものではないため、以下のような方策をDay 1後も継続的に推進することが必要である。

- グループ内の各部門から当該スキルを保有する人材を異動させる。
- 外部コンサルタント等を用いてスキルセットの定義や育成プログラムの開発を推進し、配置予定の人材のトレーニングを実施する。
- 当該スキルを保有する人材をグループ外から中途採用する。
- 当該機能（の一部）を専門スキルを有する外部企業等にアウトソーシ

ングする。

Step 3　機能の詳細配置ロジック設計

　Step 1、Step 2 を経て、いよいよ各部門が保有する詳細な業務機能の再配置を行うことになる。本社部門等さまざまな機能が集まっている組織においては、機能配置方針が決まっても、実際に詳細レベルの機能配置を行う際には「この機能はどの組織に配置すべきか」に悩む場面が多々発生する。

　詳細な検討であるため、Step 1 で策定した機能配置方針を各部門に説明したうえで、詳細レベルでの機能配置を各部門に委ねることもできる。しかし、その場合は各部門の恣意性が働くことによって必ずしも方針通りの配置とはならず、結果として組織再編目的と整合した組織デザインとはならなくなることも起こり得る。

　そこで、各部門の恣意性にとらわれずに理路整然と配置先を決定するためのアプローチとしては、機能配置のロジック・基準を設計してフローチャートを作成し、配置における判断の"物差し"とすることが有効である。全ての詳細機能を1つ1つこのチャートに流し込み、客観的な判断基準に基づき配置先を判断することで、各機能の詳細までは把握していなくとも、プロジェクトチームで配置先の案を策定することが可能であり、配置案（仮説）をもって各部門と協議・合意形成することが成功のポイントであるといえる。

　詳細機能の配置ロジックは、組織再編目的や機能配置方針を踏まえて適切なものをプロジェクトのたびに都度設計する必要がある。具体的な例をいくつか紹介する。

▶ 例1 本社部門・事業部門・グループ外への配置先切り分けロジック

　各機能の役務提供による「受益者」は誰か、の観点で社内の配置先を決定し、また外部委託が可能な機能は積極的にアウトソーシングす

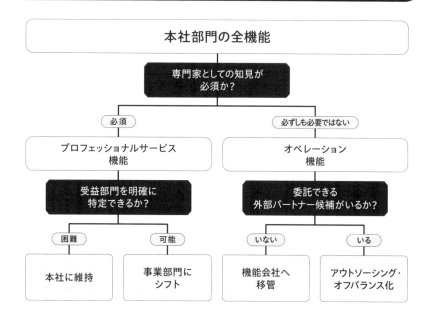

図表 3-13 詳細機能配置ロジックの例（1）

本社部門の全機能

専門家としての知見が
必須か？

必須

必ずしも必要ではない

プロフェッショナルサービス
機能

オペレーション
機能

受益部門を明確に
特定できるか？

委託できる
外部パートナー候補がいるか？

困難

可能

いない

いる

本社に維持

事業部門に
シフト

機能会社へ
移管

アウトソーシング・
オフバランス化

る方針から内外製判断を行うべく配置ロジックを策定（図表3-13）。

▶例2 本社部門に維持するか
シェアードサービス部門に配置するかの切り分けロジック

業務・機能の特性から本社部門に維持するかシェアードサービス部門に配置するかを定義し、各詳細機能の特性面から配置先を切り分け、さらに集約・標準化による効果の期待値も踏まえて判定できるロジックを策定（図表3-14）。

⬤ Step 4 機能と人員の詳細配置

ここでは、詳細レベルの機能、および当該機能に従事している人員数も併せて配置検討を行う。本検討はスプレッドシートで機能配置マトリ

図表 3-14　詳細機能配置ロジックの例（2）

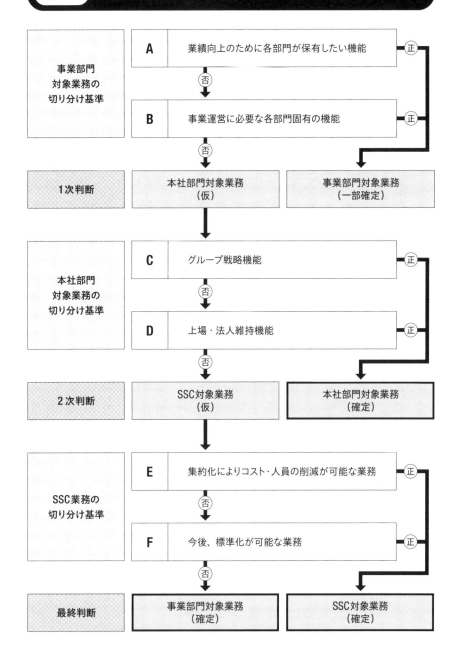

事業部門対象業務の切り分け基準

A　業績向上のために各部門が保有したい機能　正

（否）

B　事業運営に必要な各部門固有の機能　正

（否）

1次判断

本社部門対象業務（仮）　　事業部門対象業務（一部確定）

本社部門対象業務の切り分け基準

C　グループ戦略機能　正

（否）

D　上場・法人維持機能　正

（否）

2次判断

SSC対象業務（仮）　　本社部門対象業務（確定）

SSC業務の切り分け基準

E　集約化によりコスト・人員の削減が可能な業務　正

（否）

F　今後、標準化が可能な業務　正

（否）

最終判断

事業部門対象業務（確定）　　SSC対象業務（確定）

クス表を作成して実施する。具体的な手順を以下に説明する。

1. 機能配置マトリクス表の作成

- 最新の組織図に基づいて、階層構造を最も詳細なレベル（部内の課やグループ等）までツリー構造で表の縦軸に整理する。
- 各部門の最小単位毎に所属人員数（組織図と同じ時点の人員数）を記入する。
- 表の横軸に組織再編後の組織を記載する。

2. 機能・人員の配置先検討

- 現状における最小単位の機能（表の一行一行の単位）について、Step3で策定した配置ロジックに基づいて配置先を判断する。そのためには、各部門の位置付けやミッションが記載された業務分掌等

図表 3-15 **機能配置マトリクス表のイメージ**

組織階層			詳細機能	現状人員数	再編・機能配置後の人員数		
Level 1	Level 2	Level 3			持株会社	事業会社	機能会社
経理財務本部	経理部	経理企画グループ	機能 1	XX	XX		
			機能 2	XX	XX		
			機能 3	XX			XX
		決算グループ	機能 4	XX		XX	
			機能 5	XX			XX
			機能 6	XX			XX
		オペレーショングループ	機能 7	XX			XX
			機能 8	XX		XX	
			機能 9	XX			XX
		業績管理グループ	機能 10	XX	XX		
			機能 11	XX		XX	
			機能 12	XX			XX
	財務部	財務戦略グループ	機能 13	XX	XX		
			機能 14	XX	XX		
			機能 15	XX	XX		
		資金管理グループ	機能 16	XX	XX		
			機能 17	XX			XX
			機能 18	XX			XX

の情報が最低限必要となる。詳細な機能配置のために現状業務の棚
卸調査を実施することもある。

- 当該部門の人員数を、配置先新組織欄の当該配置先の列に記入する。
- 最小単位の組織に複数の機能が含まれている場合は、各機能につい
てそれぞれ配置ロジックに基づく検討を行い、各機能が別の配置先
となった場合はそれぞれの配置先に分割して人員数を記入する。

3. 配置後の組織別人員数の確認

- 全ての部門について配置検討が完了したら、横軸の新組織単位毎の
人員数集計結果を確認する。

4. 各部門との合意形成

- 配置検討案について現組織における各部門の部門長と合意形成する
のが本ステップの最終工程である。各部門との協議を経て、適宜微
調整を加えて合意することで機能配置は完了となる。

機能配置における難所・ポイント

　Step 1 からStep 3 までの検討内容はグループ全体最適観点で検討し
た「あるべき案」であるため、Step 4 では各部門の個別最適な意向と
コンフリクトが生じ、スムーズなコンセンサスが得られずに揉めるケー
スが多々ある。ここでの各部門との合意形成が機能配置における最大の
難所といえる。

　よくある事象の例として、各間接機能部門は「スリムなコーポレート」
に配置されることを望み、自部門業務の戦略性や重要性、複数組織に分
割されることによる弊害等を主張してくることが多い。

　トップダウンで決定するために、機能配置方針や詳細機能配置ロジッ
クを精緻に設計し、トップ承認を受けてそれを錦の御旗とすることは当
然必要であるが、それだけではうまくいかないことが多い。このような

「スリムなコーポレート」を志向する場合の機能配置の考え方

対象機能選定のパターン

パターン 1	パターン 2

パターン 1

グループ戦略上の重要な組織を配置

本社部門	共通サービス部門
経営企画　経理財務　人事	：　：　：

✓ 本社の配置機能だけでは目的の実現が困難となる可能性あり

パターン 2

各部門のうち戦略機能のみを本社に配置

経営企画　経理財務　人事	グループ戦略機能 本社部門
	プロフェッショナル業務 共通サービス部門
	オペレーション業務 機能子会社

✓ 同一機能内で戦略・企画とオペレーションの指示命令が分断
✓ 同一機能で複数の部門が配置される

課題への対応策を2つ紹介する。

▶ 人員数上限値の設定

　「スリムなコーポレート」を目指す企業グループにおいては、持株会社や本社部門の人員数肥大化を抑制するために、機能配置を始める前からそれらの組織の人員数の上限値を経営トップが必須要件として提示し、その制約条件を前提として機能配置を行うことがある。

　Step 1で定義した機能配置方針に基づいて詳細機能を配置した結果、持株会社や本社部門の人員数が膨れ上がることが想定される。そこで、この人員数制約を前提としてStep 3の機能の詳細配置ロジックを設計するとともに、Step 4で集計した配置後の人員数が上限値を上回る場合は、各詳細機能に必要な人員数の精査（業務効率化による省人化等）について各部門と協議を行い、中期的に上限人員数に収

まるように機能配置計画を策定するのである。

　上限人員数設定の例としては、連結売上高1兆円以上の大手企業グループであっても、持株会社や本社部門における本社機能は200〜300人程度にとどめることが多い。本社機能をこのような少ない人数に絞り込むためのアプローチには、配置する本社部門を限定するか、各部門から戦略的な一部の機能だけを配置するかの2つのパターンがあり、他の組織のミッションも踏まえて設計することが肝要である。

▶ 多面的なチェンジマネジメント施策の実施

　経営上の意思決定として「頭では理解できる」が、従業員目線の「心では納得できない」ことがコンフリクトの原因であることが多いため、多様な手を尽くし、一定の時間をかけて丁寧にコミュニケーションすることが必要となる。このようなコンフリクトへの対応策をいくつか紹介する。

他社ベンチマーキング

　他社においてはどのような機能がどの組織に配置されているか、規模は何人程度かについて客観的なリファレンスを示すことで、機能配置の妥当性を補強する効果がある。

部門間での検討状況比較

　詳細機能配置の決定と併せて、詳細機能配置の検討進捗や検討結果を各部門横並びで可視化することで、合意形成に至らず遅延している部門は「悪目立ち」することになるため、他部門に後れをとらないようにリカバリー策をとるといった自浄作用の促進が期待できる。

他社従業員アンケート

　他社において組織再編後の従業員に行った意識調査結果を紹介する。グループ外企業への移管等大きな環境変化を伴う機能配置にお

いて用いられる手法である。組織再編前は強い拒否反応を示していた従業員から、組織再編実施・定着化後はポジティブな回答が得られることが多く、前向きに捉えていただくことの一助となる。

　しかしながら、上記のような対応策を自社内のみで実施することは困難であり、コンフリクト解消まで踏まえた場合、他社事例情報も活用して客観的に第三者目線で機能配置を進めるために外部コンサルタントを使うことも有効であると考えられる。

要諦 **7**

組織再編後を見越した人材変革を促す制度・仕組みを構築する

　これまでガバナンス、組織のリデザインについて触れてきた。特定された経営課題を踏まえたうえで、その実現に向けたハード面でのリデザインを進めると共に、その組織役割の遂行、施策の実装、ひいては効果の最大化を実現するためには、その組織・仕組みの中で業務に従事する人材のリデザインが重要となってくる。

　「人材」は経営資源のうち、唯一意思をもっており、そのリデザインによる効果はとても大きくなることが期待される。人材変革に向けた機会やきっかけづくり、変革を後押しする仕組みを用意することで、その価値は大きく変化し、さらに持続的に自ら変革を続けることが可能となる。「財」の字を用いて「人財」と表記するケースがあるが、経営資源の中で特に重要であるという意味合いに加え、その価値を常に高めることができる経営資源であることを指示しているものと考える。

🌀 人材リデザインの検討の方向性

　「第二・第三の柱創出」を組織再編目的の1つとして純粋持株会社に移行した企業グループの経営陣から、「新規事業創出を目的に掲げるも、組織再編実行局面では必要人材の確保やそれを支える制度・仕組みの準備が間に合っておらず、組織再編後数年たち、ようやく新規事業創出を担う人材が配置され活躍し、新たな事業の芽が出始めた」とのコメントがあった。

　このような企業は必ずしも少数ではない。「人材」という経営資源は意思をもったものであり、そのリデザインには一定の期間を要すること

を認識し、計画的、総合的な取り組みが必要となってくる。

▶ 人材リデザインの2つの観点

　人材リデザインについては、大きく2つの観点に集約される。まず
は、リデザインした組織の役割遂行のために必要な経験・スキルをもっ
た人材が必要な人数いるかという「必要な人的リソース・ケイパビリ
ティの確保」の観点、また、その人材がグループ経営方針に従い自身
の能力を最大限に発揮できているかという「人材の行動変容・パ
フォーマンス最大化」の観点である。

必要な人的リソース・ケイパビリティの確保

　組織再編を志向する企業グループの多くは非連続の変革を志向し、
その土台となる組織、例えば「新規事業創出を担う部門」や「超長
期の戦略を構想する部門」、「持続的な経営変革をリードする部門」
や「グループ経営を高度化する部門」等を新設している。しかし、
その新しい役割を遂行できる人材が質・量の面から不足してしまっ
ており、変革を高らかに掲げ目玉部門を設立するも、やっているこ
とはこれまでの延長となってしまうケースが多い。いわゆる絵に描
いた餅となってしまっているのである。

　もちろん、このような課題は組織再編に限らず、非連続な改革を
志向する場面では必ず遭遇するものであるが、組織再編を通じてこ
のような人材を獲得しやすい環境を整備することが可能である。た
だし、その結果を発現させるためには、組織再編を契機とした非連
続な変革をドライブさせるためのプラスアルファの取り組みが求め
られる。

人材の行動変容・パフォーマンス最大化

　要諦9でも触れるが、組織再編を契機として企業グループの風土
改革、従業員の意識変革・行動変容を期待する企業経営者は実に多

い。少しでも経営陣と同じ危機意識をもち、同じ方向に目を向け、変革を自分事として取り組んでほしいと願っており、組織再編プロジェクトの中でもコミュニケーションプランを練り、経営陣も多くの時間を費やし、情報発信等を行っている。コミュニケーションプランを丁寧に設計し、PDCAサイクルを回すことで、確かに一定割合の従業員の意識変革・行動変容を促すことは可能である。ただし、その変革は組織再編の取り組みが最高潮を迎えるDay 1（組織再編の実行日）のタイミング以降、残念ながら減退、元の意識・行動に戻ってしまうケースが散見される。多くのケースにおいて、期待が高まる中でDay 1を越えるも結局、世界は変わらなかった、あるいは、Day 1前後の混乱に伴い日々の業務の安定的な推進を優先するあまり、知らず知らずのうちに元の行動に戻ってしまっている。これは人事制度の改定がDay 1から一定期間遅れて実行されることも一因かもしれない。

　もちろん、組織再編という活動は風土改革の重要なトリガーとなり得ることは明らかであり、組織再編プロジェクトを通じて変革機運が高まった状態を維持し、さらに意識変革から行動変容につなげるためのプラスアルファの取り組みが求められる。

▶人材リデザイン検討に向けた体制構築

　多くの経営陣が人材の重要性を理解し、その変革も主目的の1つとして組織再編の意思決定をしているが、組織再編プロジェクトを推進するにつれて、その機運は薄れていってしまい、気が付くと優先順位が変わってしまっている場合が多い。

　経営課題であることは強く認識しているものの、組織再編局面、その背景にある変革局面においては、経営陣が対応し意思決定すべき課題は想像以上に多い。結果、人材に関する課題はCHRO（Chief Human Resource Officer、最高人事責任者）から、人事部長へ、組織再編プロジェクトにおいては人事WG（Working Group、作業

部会）が担当することになる。

　一方、人事WGは、組織再編局面において人材移管の対応や必須対応が求められる制度変更、組合協議等、組織再編行為自体を安全に遂行するためのタスクが山積みであり、無意識のうちに将来を見据えた人材リデザインに関する課題に対する優先順位が下がっていってしまい、できる範囲での取り組みにとどまってしまっているのが実態である。特に人事WGは、組合交渉が優先であり、少しずつ戦略意図から離れた志向になりがちである。また、組織再編局面で法人数が増えるケース等は分割損（業務量の増加）が懸念され人件費を圧縮する志向が強くなり、人材強化に向けた新たな投資を提言するような雰囲気を醸成しにくく、さらに劣後されてしまうことは一定理解できる。

　このように、少しずつ優先順位が下がってしまう、また企業経営者の意向・組織再編目的とのギャップが生まれてしまうことに対する対応策として大きく２点、重要なポイントが存在する。

経営陣が経営アジェンダとしてコミット

　構想策定フェーズから、人事課題（必要な人材要件・ケイパビリティの明確化、獲得方針や従業員に対する変化期待等）を取り上げ、他の経営イシューと一体で検討を行う必要がある。組織再編活動における重要アジェンダとして、各マイルストーンでの目標設定を行い、モニタリングをしていくことが重要であり、Day１までの間はもちろん、その後の人材の変化、戦略推進との整合性等に注意を向けていくことが必要である。

　また、構想策定フェーズで定めた人事課題の方針の具体化検討を人事WGに明確に引き継ぎ、その後の検討に対しても関心をもって取り組むことが求められる。そのためにも、経営目線をもったCHROが人事WGの検討に深く入り込み、適宜、他の経営アジェンダとの整合性を意識しながら検討をリードしていくことが必要となる。

人事WGの余力捻出・重要イシューへの集中

　人事WGが担当するタスクは常に膨大である。これらに対していかに優先順位をつけられるか、または他WGと連携して手分けができるかがポイントとなってくる（もちろん、人事WGの要員増強は可能であればしていただきたいが、人材リデザインは人事WG内に閉じて取り組んでしまうと効果が減退してしまう）。

　例えば、人事部門と経営企画部門が連携することは有益である。人事部門が扱う情報は秘匿性が高いため、ついつい人事部門に閉じた検討になりがちであるが、人事部門が人材課題に最も効果的に取り組むためにも、組織再編、その後の戦略情報をタイムリーに共有、協議するとともに、一定の権限をもった取り組みに変えることが求められる。労働組合に対峙するにあたっては経営企画部門が有する情報を効果的に活用することでスムーズな交渉が可能となるだろうし、コミュニケーションプラン等も、事務局や経営企画部門と協業することもあり得る。

　極論ではあるが、従業員全体を面で捉え対応する施策（例えば、多くの労力を要する人事制度改革等）はあえて劣後させ、本変革で最も熱量をもってほしい人材群に注力した施策に専念したり、外部人材を調達するような領域に注力することも一案である。特定の人材群の変革を優先させ、変革した姿・実例をつくり出すことで、組織全体の人材変革を推進した事例も存在する。

⬤ トータルとしての人材マネジメント施策構築

　採用から配置、人事制度から育成等、人材リデザインを推進するレバーは、多岐にわたっており、それぞれの施策が密接に関係している。各施策が異なる思想のもとに設計された場合、施策実施・制度改定の意図が正しく伝わらず、結果として人材リデザインの効果は限定的となってしまう。

人材マネジメント施策を一体で検討できない要因として、前提となる戦略や求める人材像について検討が進む中で見直されることがある。一方、各施策には一定の検討時間を要し、その検討深度によっては前提変更を反映し切れない場合や、組合交渉等を経て前提以外の要素が加味されてしまうことが考えられる。このようなことが発生しないよう、前述した通り、CHROを中心とした経営陣が検討にコミットし、構想策定フェーズから人材マネジメント施策の前提となる戦略・組織を含めた一体での検討を行うことが重要である。そのうえで、人材マネジメントの全体像を描き切り、具体的な施策検討に着手することが望ましい（図表3-17）。

● 人材リデザインに向けた制度・仕組みの構築

　人材リデザインにあたっては、前述の通り「ケイパビリティ確保」「行動変容」が重要な要素となる。そのリデザインの効果の最大化、持続化に向けては、求める人材像を明確にすること、またリデザインした制度・仕組みを運営する体制が必要となる。その実現に向けて、ここでは大きく4つの観点から説明する。

① 場所を用意する：新たな役割の明確化・新たな役割を遂行できる環境整備
② ケイパビリティを具備する：新組織体制の役割推進に向けた質的・量的な変革を促す仕組み
③ 行動を変える：新組織体制の役割推進に向けたコミットメント、活躍を促す仕組み
④ 持続的な変革を促す：人事機能の強化、人事権の配置

　また、ここで扱う人材については、組織再編実行時点から自社で活躍し、これまでのビジネスを支えてくれていた従業員と、今後、新たに企業グループに参画し新風を巻き起こし活躍いただく人材の両面から対応方針を検討する必要がある。これまでの経験則からも、既存従業員（社

図表 3-17　組織と人事を一体で検討する必要性

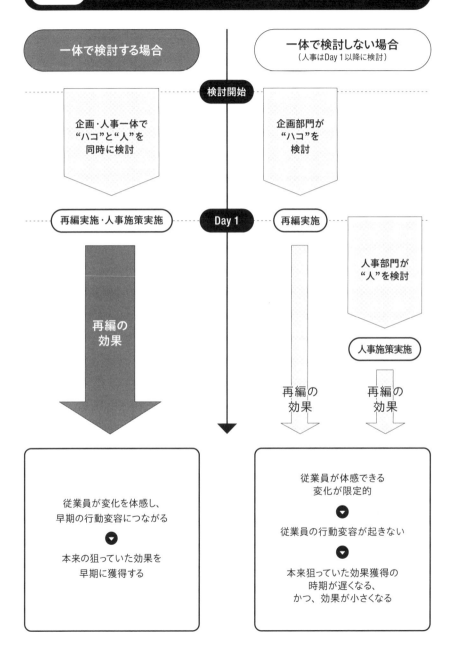

内人材）はなかなか変わりにくい実態がある中では、外部人材をカンフル剤、刺激として全体の変革を促すことも有益と考える。

▶ ① 場所を用意する：
新たな役割の明確化・新たな役割を遂行できる環境整備

　人材リデザインの第一歩として、組織再編を契機とした新たな部門ミッションや自身に対する期待役割がどれだけ明確になっているか、それがぶれない形で伝えられ、その役割を遂行しやすい環境が用意されているかが重要となってくる。具体的には、新たな法人・組織における求める人材像・人材要件の明確化が必要である。その内容をいかに正しく従業員に伝えていくか、その方法として経営陣のメッセージはもちろんながら、組織再編時の役員・部長クラスの人員配置が重要なメッセージとなる。また、その人材要件を人事諸制度（ジョブ型／

図表 3-18　持株会社化によって事業・機能を再編した場合の人材ポートフォリオ

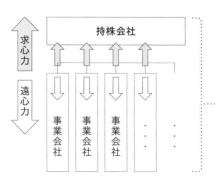

遠心力を利かせ個社の自律を促すとともに、グループとしての求心力を一定担保し、同じ方向に向かい一枚岩となって動く（個別最適だけでなく、全体最適を追う）

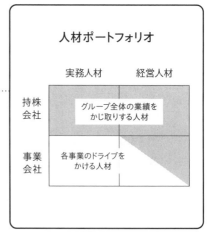

図表 3-19　「ジョブ型」人事制度を導入する狙い

👤👤👤 組織設計

組織再編における課題	**再編前後の役割・責任の変化の明示** 再編後の組織を機能させるためには、組織の形が変わるだけでなく、それに伴い個人に求められる役割や責任の変化を社員に明示し認識させることが肝要

ジョブ型人事制度を導入する狙い	**職務記述書により役割・責任を明確化** 再編後の戦略を実現するために必要な職務ベースで最適な組織設計を行ったうえで、職務記述書を作成することにより役割や責任を文字通り明確に示すことが可能

👤 個人

組織再編における課題	**社員に対する変革への動機付け** 特に年功的で横並びの処遇であることが多い日系企業においては、概して社員の成果創出意欲が低く、まして自ら変革の旗手たろうとする社員は少ない

ジョブ型人事制度を導入する狙い	**職務を基準とした成果主義的な処遇の導入** 職務を基準とした成果主義的な処遇とすることで、社員が任された職務・職責を全うすることに集中することを促す

職務型人事制度、行動指針等）に落とし込み、一気通貫での制度設計、その発信が必要となる。

昨今、組織再編局面において、ジョブ型人事制度を導入する企業が増加している。ジョブ型人事制度は職務記述書により、新組織における新たな役割を明記することで理解・浸透を促すことが可能である。また、グループ内に複数事業・機能の専門特化が進む中でも、「ジョブ型」を軸とすることで、グループ横断での人材マネジメント実施が可能となるという利点もある。

社内人材への対応

非連続の変革、その中で新たな意識・行動を求めるにあたっては、これまでとの違いをできるだけ明確に伝える必要がある。変化している姿をどれだけイメージできるかがその先の変革の出発点となる。変化している姿として、先行実績のある外部人材を積極的に採用し、その人材と交流することは有益である。また、変化している姿を実践することで報われる人事諸制度の設計も不可欠な要素となる。

外部人材への対応

転職市場において、どれだけ魅力的な組織として示され、分かりやすい人材要件が提示できるか、がポイントとなる。外部人材はいかに自身のキャリアが伸ばせるか、自由度はあるかを重要視しており、既存事業に引っ張られない組織・制度設計も重要となってくる。

▶ ② ケイパビリティを具備する：
新組織体制の役割推進に向けた質的・量的な変革を促す仕組み

質的・量的に人材のケイパビリティを高めるためには、Day 1 時点、また中長期的な要員計画を早期に策定、その実践に向けたプログラムを構築、推進することが求められる。

人材育成は一定の期間を要する取り組みである。その人材育成につ

いて組織再編をトリガーとして加速させる工夫をどれだけ準備できるかが成否を分けるといっても過言ではない。新たに設置する会社・部門の役割定義、そこに必要な人材要件の再定義、人材要件とのマッチングレベルを高めるためのタレントマネジメント・人材データベースの構築等も、成長速度を上げる必要な要素と考えられる。

　まず、Day 1 に向けた取り組みについては、「バイネームでの要員配置」と「専任体制の確保（専門人材の優先確保）」が重要となる。事業戦略・組織設計方針から新体制における要員数が提示され、そこに向けた人員配置の検討が進められる。その組織設計の詳細化、要員数の精緻化に向けては、その組織をリードするマネジメントチームの意思が必要となり、早期のバイネームでの要員配置が求められる。一般社員においても、バイネームでの配置が明確になることにより、Day 1 を見据えた準備が加速し、結果としてのケイパビリティ向上にもつながる。他方、Day 1 時点で要員数拡大が現実的ではない中、多くの組織においては兼務体制や優先順位をつけての新たな役割の実施が行われる。この時点において、あるべき姿到達に向けて早期に具備しなければならない機能、例えば「グループ戦略」等に関する部門については、最優先に人材確保を進め、専任体制を構築することが求められる（P.163／図表3-20）。

　中長期的な、あるべき要員体制構築に向けては、Day 1 時点の兼務体制から、いかにあるべき姿に到達していくか、その道筋（人材獲得・育成プラン）を描き切り、PDCAサイクルを回していくことが重要である。兼務体制下では、新たな役割への変化は困難であり、組織再編を契機に業務効率化を進め、余力を捻出することができるか、場合によっては戦略投資として人材増強を進めるかが分岐点となる。人材育成については、新たに創出した組織・ポジションへの戦略的な異動・配置、いわゆるタフアサインメントを実行することで、そのスピードを高めることが可能となる。タフアサインメントとは、ただ厳しい環境に放り込むことを指すのではなく、事前に候補者の見極め（成長す

る素養があるか、伸び代があるか）、候補者を陰ながら支える体制を構築できるか（常にモニタリングし、ティーチング・コーチングを行う）、等の準備が不可欠となる。

社内人材への対応

　取り組む改革が非連続であればあるほど、社内人材にとってはギャップが大きく、人材育成の難度は高まり、多くの時間を要してしまう。本来であれば、社内人材の多様性を強化・維持することで、さまざまな環境変化・期待役割の変化に対応していくことが望ましいが、組織再編局面においては、アセスメント実施・再編活動を通じた活躍状況等からダイヤの原石の発掘、求める人材像との接点の見極め等が重要である。一足飛びの育成は困難である中、周辺への変革、言葉を換えれば玉突きのような人事を行っていくことで、体制構築を急ぐことが可能となる。

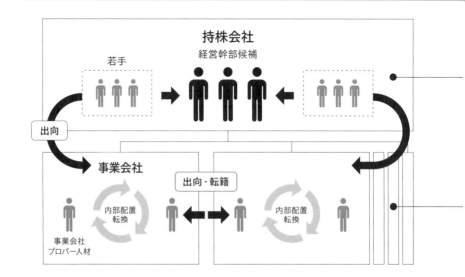

図表 3-21　戦略的な異動・配置の要諦

図表 3-20　純粋持株会社化に伴うコーポレート機能の変化

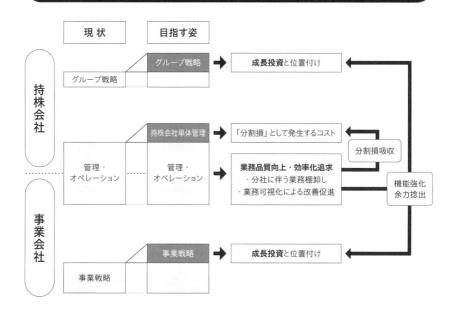

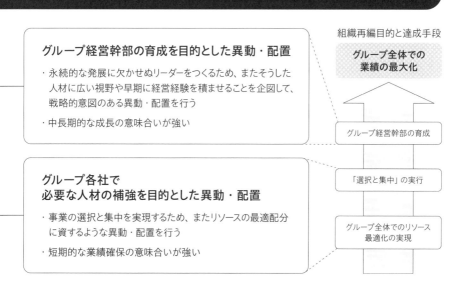

● 事例1：金融業

　　以前、金融機関の統合・組織再編の場面において、統合効果により捻出された人材リソースを新たな事業に投入する方針を示されていた。その際は、最も統合効果が出やすい本店勤務者の中から捻出できた余剰人員をまずは監査部に配属し、現場接点を増やし支店配属に向けた準備を行った。支店配属においても、支店の中でも安定的な支店に配属し、新規事業に対して意欲的で柔軟に動ける人材を玉突きで創出していた。

　　育成を加速させるためにも、組織再編により新たに生まれたポストを活用することにより、中堅人材の活躍機会を設け、その中で優秀人材を見極め、次なるステージへの成長を促すことも有益である。

● 事例2：インフラ業

　　歴史ある企業はなかなか若手に重要なポストを与え（タフアサインメント）、成長機会を用意することが平時では難しい。分社化型の組織再編においては法人数が増え、結果ポストが増えるため、この機会を活用し、本体で課長クラスの中堅社員を新たに立ち上がる事業会社の部長ポストに配置し、成長機会を用意した。

外部人材への対応

　　新たな部門に必要な人材について、即効性のある施策としては外部からの採用が考えられる。外部採用を効果的に実施し、戦略推進を加速させるためには、「優秀な人材を引き付けられるか」「その人材のパフォーマンスを最大限に引き出せるか」が重要となる。この2つの観点については共通の部分がある。

　　組織再編により、特定事業・機能の専門会社・部門を設けることで、その会社固有の制度を設定することが可能であり、また対外的なアピール、ブランディングの機会とすることができる。

グループ経営の強化、各事業のさらなる成長を支える本社機能の強化を志向し、GBSを新たに設立するケース、進化させるケースが増えている。これは従来のSSCとは異なり、財務会計や法務等の幅広い本社機能について戦略・企画機能まで集約すること、専門家が活躍できる場・キャリアパスの広がりを用意することで、社内外から優秀な人材を集めることに一役買っている。

▶ ③ 行動を変える：
新組織体制の役割推進に向けたコミットメント、活躍を促す仕組み

前述した通り、組織再編プロジェクトを通じて意識変革・行動変容が一定程度進んだ段階で元に戻らないようにするために、人事諸制度により型をはめ、それにならった仕事をし、成果を出すことで報われる状態をつくることが必要である。人が変化するためには一定の時間が必要となる一方、その期間、自身の意識的な取り組みで維持することは困難であり、無意識のうちに戻ってしまう。そのため、新たな人事諸制度により求められる行動を促すための型をはめ、行動が繰り返されることで、結果として意識変革につながる流れも活用する。

また、人事諸制度の導入がDay 1以降、一定期間がたってからとなってしまったり、新組織への人材配置が出向対応となり新人事制度の効果、新組織へのコミットが限定的となってしまっている実態が多い。大規模でなくとも、少しでも新たな取り組みに貢献した人は報いる仕組みを取り込み（社長表彰や目標再設定、定性評価の見直し等）、腹をくくって新組織で専念する環境を整備したい。

社内人材への対応

組織再編局面において、人材移管の難しさの観点から、ひとまずは出向で、段階的に転籍を促すといった方策をとるケースがある。決して間違ってはいないものの、意識変革・行動変容という観点からは、どうしても効果が減退してしまう。組織再編プロセスの中で

も自身の配属先が決まった段階から本気で取り組み始めると同様に、やはり転籍し、その業務に専念できる環境、言葉を換えると腰を据えて取り組み、逃げられない環境を整備することが必要である。

できるだけコアメンバー、管理職クラスは転籍を志向しつつ、全体としては新組織の成果を関与者全員に還元する仕組みが求められる。

外部人材への対応

外部人材については、採用面接時に新たな組織のビジョンをしっかりと伝え、そのビジョンに対する共感度等を重視することが必要である。また、新組織だからこそ、組織構成員に占める外部人材の割合が多い傾向にあるため、早期の巻き込みや融合が求められる。

▶④ 持続的な変革を促す：
人事機能の強化、人事権の配置

前述した施策を企画・実行していくためには人事機能の高度化が必要であると考える。

具体的には経営企画・事業企画に対して、一定程度、意見が言える力、各事業会社が自律的に事業運営を進める中で、経営の意思として戦略的な人員配置を行う力、将来的な戦略推進に向けて採用強化を含めた人材投資をリードする力等が求められる。このような力を保有して、推進するためには、マネジメント層の力、一定の力を要する人材をリーダーとして配置することが必要となる。

グループ目線の対応

組織再編により再構成された各事業会社・機能会社は基本的にはそれぞれ自律的にビジネスを推進し、その会社に合わせた人事制度・人材活用を推進する。一方、グループ目線では中長期的にグループをリードする人材の育成や、新たな事業開発に必要な人材、ポート

フォリオ経営推進に向けた人材配置転換等が求められる。これらを実行するための機能・権限を有していくことが必要である。その場合、より経営企画の近くに配置され、一体で検討していくことが求められる。

各社目線の対応

個社は自律的にビジネス展開することを志向していても、人事領域の専門性を有し、事業トップの参謀として活躍できる人材は限られていると想定される。そのような場合、本体から人材BP（Business Partner、経営参謀・実行推進役）を派遣することで、事業会社の管理レベルを引き上げるとともに、人事BPがCHRO（Chief Human Resource Officer、最高人事責任者）と連携をもつことで、グループ一体運営をする体制を構築する。

◐ Re-DesignからTransformへ

以上、要諦6までで「戦略≒ガバナンス・組織」の取り組みを説明し、この要諦7ではそれを支える人材リデザインの取り組みを整理してきた。これにより、「戦略≒ガバナンス・組織≒人材」が一気通貫で整備され、組織再編目的の達成にさらに一歩近づいたグループ経営体制の構築が可能となる。

後述の要諦8〜10では、組織再編プロジェクトの推進局面における要諦を中心に整理している。Day 1前後で全く違った取り組みとは認識せず、組織再編プロジェクトにおいて変革の熱量をぐんぐんと高め、それを持続的に高めていくことのできる仕組みづくりが求められる。言葉を換えると、組織再編プロジェクト自体を新たなグループ経営体制のトライアル期間として位置付けることが望ましい。

目的の完遂に向けた
組織再編プロジェクトを計画・実行する

⬤ 組織再編プロジェクトの計画・実行の特徴

　企業活動においては多種多様なプロジェクトが日々計画・実行されている。組織再編にかかるプロジェクトの計画・実行ならではの特徴としては、①プロジェクト設計が難解である、②巻き込むべき社内ステークホルダーが多い、③内向きの検討になりがちである、④効果創出に向けた活動が不十分になりがちである、といった点が挙げられる。

▶ ① プロジェクト設計が難解である

　組織再編プロジェクトにおいては以下の理由から、複雑なプロジェクトの設計が必要となる。

組織再編に慣れていない

　組織再編行為は、企業における通常業務ではなく、一時的なプロジェクト活動であるがゆえに、プロジェクト設計・推進に慣れている企業は多くない。プロジェクトに経験豊富な人材が必ずしも十分にはいない中、ゼロから手探りで検討を進めざるを得ないケースも多い。

検討論点が広い

　企業構造の抜本的な再構築であるがゆえに、特定事業や機能にかかる取り組みにとどまらず、全社を対象とした取り組みとなることが多く、論点が非常に広範になる。自社における事業や機能にかかる深い理解が必要になることに加え、法的手続きや税務といった組

織再編特有の専門性の高い論点も扱っていく必要がある。

重要イシューの個社特性が強い

　組織再編背景・目的や組織文化等に応じて、重要イシューは各社各様であり、個社特性に応じた検討が必要である。定型的な検討アプローチは通用しないため、実態に応じて検討アプローチをカスタマイズする必要がある。

タスクが多く明確なマイルストーンがない

　通常の組織再編プロジェクトの期間は半年〜２年にわたる。長い期間をかけて膨大なタスクを推進する必要があるため、プロジェクトの計画の正確さ・緻密さが重要である。M&A等のプロジェクトと比較し取引相手との交渉期日といった明確なマイルストーンがないため計画の妥当性の検証が難しい。加えて、複数のタスクの前後関係や相互の連動を考慮し検討を進める必要があるため、タスク間の依存関係に矛盾がないよう計画を策定する必要がある。

▶② 多数の社内ステークホルダー巻き込みの必要性

　組織再編においては、以下の理由から、多数の社内ステークホルダーを巻き込んで検討を推進する必要がある。

実務担当者への依頼事項の多さ

　組織再編プロジェクトは全社的な取り組みであるがゆえに、プロジェクトメンバー内に閉じた検討にとどまるケースはほとんどなく、通常はプロジェクトメンバー以外の多くの社内ステークホルダーを適時適切に巻き込む必要がある。プロジェクトが進み検討が具体化するほど、実務担当者でなければ対応できないタスクが増加し、実務担当者の協力がなくてはならなくなる。通常業務も同時に担っている実務担当者が混乱しないよう、依頼内容は極力具体的に分かり

やすく設計することに加え、現場に配慮したスケジュールを組む必要がある。

適時適切なマネジメントへの報連相

　プロジェクトの主要フェーズの切れ目や重要な方針決定の際には、マネジメント陣へ状況を報告・連絡・相談しておくことが望ましい。プロジェクトの重要な意思決定は、その内容に応じて、プロジェクト期間のみ臨時的に組成された最高意思決定機関であるステアリングコミッティ（ステコミ）、通常の経営会議体、および取締役会や株主総会といった会社法上の機関決定にて差配されることが一般的である。会議体に応じて参加者も異なり、本来は意思決定に際して情報共有し、必要に応じて意見を仰ぐべきマネジメントが抜け落ちてしまうケースは少なくない。そのような場合、検討を進めても後になって意思決定結果が覆ってしまう。覆らずとも追加的な説明・議論にリソースを費やすことを避けるためにも、マネジメントの巻き込み方には留意する必要がある。

▶③ 外圧のない中での検討推進の難しさ

　組織再編においては、以下の理由から、外圧がない中で検討を推進する必要がある。

相手がいない中での検討

　M&A等の相手が存在するプロジェクトと異なり、組織再編は基本的に社内に閉じた検討となる。社内に閉じた検討のため、新会社の出来上がりの姿は際限なく妥協できてしまう。ゆえに、目線を社内から目指すべき姿に向けて引き上げていくようなプログラムマネジメントが必要である。例えば他社の先進事例や取り組み内容等をベンチマーキングする、といったことも有効である。

社内でのコンフリクトの発生

　　社内の利害関係者の意図・思惑が部門や立場に応じて異なる中、意思決定や合意形成を推進するため、コンフリクトマネジメントが必要となる。コンフリクトが生じた場合に議論をどのように前に進めるか。例えばエスカレーションの基準やフローを明確に定義し遅滞なく意思決定を進められるようにする、ステコミ等の意思決定会議体を柔軟に活用できるようにする等、コンフリクト解消のためのルートを整備しておくことが重要となる。

▶ ④ 真の効果創出までの難度の高さ

　　組織再編プロジェクトにおいては、以下の理由から、効果創出の難度が高いと考えられる。

組織形態の変更のみで得られる効果は限定的

　　M&Aといった性質のプロジェクトはディールの実行自体で経営に対して一定のインパクトを見込むことができるが、組織再編は、組織の形態を変えただけではそのインパクトは限定的であり、効果を創出するための活動を行うことが必要である。組織再編にかかるタスクの進捗管理に終始せず、効果創出に向けた活動までを一連の組織再編活動と定義すべきである。例えば、プロジェクトの最中から、組織再編目的に照らした具体的な活動計画について、事業部門を中心とした経営陣に自ら宣言させるといった打ち手も有効である。

● 組織再編プロジェクトの計画と実行の重要性

　　組織再編という企業にとって重要な変革にかかる局面においては、組織再編におけるプロジェクトの計画と実行の特性を理解したうえで、プロジェクトを設計していく必要がある。計画が甘いケースにおいては、検討に抜け漏れが発生したり、プロジェクトが常に遅延状態となり、計

画の見直しを余儀なくされるリスクが高まる。また、実行力が不足していると、思わぬ課題が噴出したり、意思決定が停滞することで後続のタスクに影響し、期限内に組織再編を実行できないリスクが高まる。

組織再編という行為について豊富な経験をもち、手慣れている企業は必ずしも多くないため、前述のようなリスクを避けるためにも、組織再編における計画・実行のポイントを理解のうえ、プロジェクト設計に盛り込んでいくことが重要となる。

▶ PMOの重要性

組織再編プロジェクトにおいては、プロジェクトの全体を統括する事務局として、PMOを設置することが一般的である。PMOとはProject Management Officeの略であり、プロジェクト全体の進捗・課題管理やリソース（人や予算）の調整、関係者間の利害調整といった多岐にわたる役割をもつ。

組織再編プロジェクトにおいては、プロジェクトの全体を統括するPMOが非常に重要な役割を担う。

能動的な進捗・課題管理

組織再編プロジェクトは、検討論点が多くタスクが非常に広範なため、PMOが全体の進捗・課題管理を担い、リスクをいち早く察知し対処することが求められる。定期的に各WG（Working Group、作業部会）主体で報告される進捗・課題を収集するにとどまるような表面的な活動だけでは、本質的な課題を察知することは難しい。主要なWGの会議体等にはPMO自ら積極的かつ直接的に関与し、実態を把握するといった踏み込んだ姿勢が必要である。また、状況変化にセンシティブになることも重要であり、課題が顕在化する前の「リスクがあるかもしれない」という可能性も幅広く拾い上げ、解像度と頻度を上げて注視していくことが重要である。

また、PMOは各WGでは解決できない課題への率先した対応が

求められる。課題が一定期間解消されずに残ってしまうと、他の課題対応が優先されたり、対応の責任箇所が不明瞭になり、放置された結果として、後々より課題の深刻さが増して手遅れになることも多い。課題を認識したら、焦げ付かせることなく早期解消を目指すことが重要である。

WGのアウトプットへの積極的なフィードバック

PMOは、組織再編目的に立ち返って、各ワーキンググループ（WG）の検討結果に対して目線を上げるフィードバックを実施し、あるべき姿の再考を促す役割が求められる。各WGは、悪気はなくとも、所属部門の立場や考え方、過去からの延長線上で検討を進めてしまうことがある。また、他WGのアウトプットを横目に見て、自WGもこの程度まで踏み込めば十分であろうと判断してしまうこともある。WGの方が自部門に関する理解度が高いことは間違いなく、PMOからWGへ提言することは非常に難しいことではあるが、踏み込めなかった結果として組織再編の出来上がりの姿のレベルが下がってしまうことを防ぐためにも、時に上位者を巻き込んでトップダウンで追及していく等、勇気をもって積極的にWGにフィードバックをしていくことが必要である。

コンフリクトの解消

多くのメンバーが関与する組織再編プロジェクトにおいて、PMOは利害関係者のコンフリクトを第三者的立場から解消することが求められる。通常業務の場合は権限や会議体にてコンフリクト解消の考え方やプロセスが整備されているが、プロジェクトにおいてはWG間の力関係やコンフリクト解消のためのオフィシャルな場がないケースも多く、PMOがコンフリクトの解消に向けて介入することが重要である。

ポテンヒットの拾い上げ

　組織再編プロジェクトを進める中で、当初想定していなかったタスクが発生することも多いが、そのタスクの担い手が不明瞭でありポテンヒットが発生しそうな場合、PMOが主導で差配することが求められる。PMOにて担当WGを割り付け、当該WGにタスクの追加検討を担わせることが一般的であるが、担当WGが前向きでない場合、検討の必要性の丁寧な説明や、検討観点の提示・検討リソースの支援といった動きも有効である。また、担当の割り付けが困難な場合、PMOからリソースを割き、関係者を巻き込んで臨時のタスクフォースを組成して検討を進めることも必要である。

横連携の促進

　多くのWGが組成される組織再編プロジェクトにおいて、各WGの検討状況や検討内容を共有するため、PMOが横連携を促進していくことが求められる。組織再編プロジェクトにおいては、他WGの検討結果をインプットとして後続の検討が必要であり、かつ一定のリードタイムが必要なタスク（システム改修、業務プロセスや規程等の各種文書作成）も多い。後続タスクの遅延や手戻りを防止するためにも、他WGの検討に影響があると確証を得た段階ではなく、「影響があるかもしれない」という可能性の段階で先回りして連携していくことが重要である。

● プロジェクトの計画・実行の実施アプローチ

▶ 計画

プロジェクト体制構築

● プロジェクトリーダーのアサイン

　プロジェクトリーダーをアサインする。

　プロジェクトリーダーには一定の意思決定権限をもたせ、さま

ざまな検討課題に関して自身の権限でスピード感をもって方向付けができることが望ましい。物事が決まらない、決めるのに時間を要するのは日本企業の悪癖でもあるが、組織再編プロジェクトで意思決定が停滞すると、言わずもがな、プロジェクト全体の進捗にも悪影響を与える。

また、事業と本社の双方、つまり全社に精通しており、組織再編プロジェクト全体のかじ取りができることが望ましい。プロジェクトリーダーが必要な場面においては具体的・実務的な議論にも踏み込んでいくことで、意思決定の迅速化と質の向上を実現することができる。プロジェクトリーダーには外部から招聘した改革専門家を据えるケースもあるが、周囲の支援が十分でないと、社内のリレーションの薄さや自社理解の乏しさから、思うような結果が出せないケースも散見される。

加えて、組織再編手続きの完遂がゴールでなく、成功に向けて目線を上げて、あるべき姿を目指すべきであるという強いメッセージを発信し続け、時に自らがWGの検討へ介入しアウトプットのレベル向上に寄与できることが望ましい。各WGの目線上げはPMOの役割でもあるが、最後のとりでとしてトップダウンで指示が出せるか否かで出来上がりの姿が左右される。

● PMO体制の構築

PMOのメンバーをアサインする。

必要な人数感は組織再編規模に応じて上下するが、その担当範囲の広さからも、他業務との兼務ではなく専任が望ましい。PMOは当初想定していなかった課題への対応等、不確定要素が多い中でプロジェクトを推進する必要があり、柔軟に対応するための十分なリソースを確保することが重要である。

● WG体制の構築

本社機能別にWGの体制を構築し、WGのロールを定義する。

各WGの担当領域のケイパビリティをもち、かつ現場レベルでの意思決定が可能な方をメンバーとしてアサインすることが望ましい。意思決定のたびにプロジェクト外の上位者の意見を仰いだり、ステアリングコミッティ（ステコミ）に諮るといった対応では、WGの検討が当初の予定通り進まなくなってしまう。

プロジェクトの性質に応じて、事業別のWGを構築し、機能別のWGとマトリクスでプロジェクトを推進するケースも多い。

ロール設定においては、プロジェクト計画当初より、各WGの検討スコープを明確かつ広範に定義することが望ましい。各WGの意思で自由にロールを定義すると、プロジェクト全体のタスク範囲のカバレッジが担保されず、担当が曖昧なポテンヒットのタスクが発生しやすくなるため、全体を俯瞰した際に欠落しているロールがないか、PMOの目線からもレビューを実施する必要がある。特に、既存の組織の分掌を引きずってしまいロールを限定してしまうケースが多く、既存組織にとらわれないような設計が重要である。

会議体設計

● ステアリングコミッティ（ステコミ）

ステコミを設置する。ステコミとは、プロジェクトにおける最高意思決定機関のことである。

ステコミはプロジェクトの意思決定に関与すべきマネジメントのメンバーを必須出席者とし、一定の頻度を担保し設計することが望ましい。PMOや各WGで意思決定が難しい事項は全てステコミにエスカレーションされることから、ステコミの頻度が低いと、ステコミでの意思決定を待っている間の検討が停止してしまうため、アジェンダがない場合はスキップする前提で頻度を高く

設定することが理想的である。マネジメントの予定の都合上、メンバーの招集が難しくなる場合、より特定のマネジメントにある程度の意思決定権を委譲することも有効である。

　また、既存の会議体（経営会議等）にステコミの機能をもたせるケースもあるが、既存会議体がプロジェクト以外のアジェンダで埋まってしまうこともあるため、外部要因に左右されずにプロジェクトの意思決定をするためにも、ステコミは独立させることが望ましい。

● WG横連携会議

　各WGが横ぐしで情報交換を推進するための会議体を設置する。

　多くの関係者を招集するため一定の労力を要するが、同一フォーマットでポイントを絞って進捗・課題を共有する、報告は最小限とし課題にかかる議論中心の会議体にするといった工夫をしつつ、短時間でもプロジェクトの全体像がつかめる会議体を設置することが望ましい。各WGが他WGの状況を把握し、自WGに影響する論点はないか確認する場として有効である。また一堂に会することで、連携会議の延長で立ち話的に議論をする、その場で決めきれない内容は宿題として別途個別討議を設定する等、関連WG同士の個別連携の具体的なアクションにつながるきっかけにもなる。

マスタースケジュール作成

　マスタースケジュールを作成する。マスタースケジュールとは、ロードマップを基に、クリティカルパスや連携が必要な論点等を詳細化し、主要タスクに落とし込んだものである。

　組織再編におけるマスタースケジュールの作成においては、まずは検討論点の洗い出しが必要である。組織再編プロジェクトにおける主要論点の洗い出しには、マネジメントフレームワークを活用す

ると抜け漏れを防止することができる。マネジメントフレームワークの構成は以下である。

- 戦略・方針
- 組織・ガバナンス
- 制度・ルール
- 業務プロセス
- ITシステム
- 風土・文化
- 法令等の手続き

　次に、主要論点に対し、時間軸を設定する必要がある。機関決定や手続きのリードタイム等、重要マイルストーンから逆算して作成するのはもちろんのこと、タスクの前後関係や相互連携等に留意して作成することが重要である。自社固有の事情を加味することも重要であり、例えば異動のタイミングや方針発表、業務の繁忙期といった重要イベントに向けて余裕をもったスケジュールを策定する必要がある。

各種ツールの整備

　各種ツール（WBS（Work Breakdown Structure）、課題管理表、各WGからの進捗報告フォーマット等）を整備する。

　本書では一般的なプロジェクトにおいても共通の作成方法やポイントには深く触れないが、組織再編プロジェクトは関与者が非常に多いことを踏まえ、使用者や管理者が煩雑な業務に忙殺されないよう、利便性は高いが、必要なポイントは押さえられる、組織再編プロジェクトに適したあんばいのツールをプロジェクト当初に整備しておくことが重要である。

▶ 実行

進捗・課題管理

● ステコミへのエスカレーション課題の抽出

PMOを中心に各WGとも連携し、ステコミへのエスカレーション課題を抽出する。

ステコミの時間枠は限られているため、PMOが主導で先んじてエスカレーションの可能性のある論点をリストアップし、優先度をつけてステコミのアジェンダを設定していくことが必要である。

● ステコミ等への会議体報告を活用したタスク進捗の促進

ステコミ等のマネジメントが参加する会議体におけるプロジェクトの進捗報告を活用し、タスクの進捗を促進する。

各WGの進捗状況を横並びで可視化し、マネジメントにオープンに開示していくことで、遅延のあるWGが挽回するインセンティブとなる。また、会議体の場でマネジメント自らが遅延要因に対して意見を述べる、検討への介入の意思を示すことで、個別のタスクの停滞要因を取り除くことができる。

各WGや関係者への作業依頼

複数のWGやその他関係者に対し、共通して依頼事項がある場合（各種備品や文書等にかかる社名変更の対象物の把握、組織再編に伴う各種契約書への影響把握等）、対象WGおよび関係者に作業依頼をする。

曖昧な依頼は現場の混乱や反発を招き、最悪の場合、次回以降の依頼に対してもネガティブに捉えられてしまう。作業依頼をする際は、説明文書やガイドラインは誰が読んでも分かりやすく、かつ徹底的に具体化するとともに、作業相手の立場に立ったフレームやテンプレートを準備のうえ、丁寧に趣旨・目的の説明をすることが重要である。

図表 3-22 **組織再編における**マネジメントフレームワーク

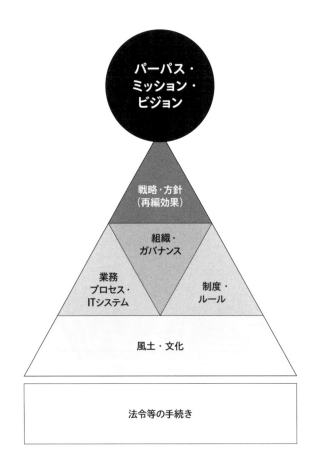

戦略・方針 (再編効果)	✔ グループ戦略、グループガバナンス・業績管理方針、 人材マネジメント方針策定
組織・ ガバナンス	✔ 会議体・役員体制の構築、レポートライン、責任・権限設計
	✔ 組織構造 (組織図)、拠点統廃合計画の策定

制度・ルール	経理・財務	✔ 財務・管理会計制度の統一 (処理基準、規程・マニュアル整備)
		✔ 業績管理制度の再設計 (原価管理、経営管理指標、予算管理)
		✔ 親会社との取引ルール (経営指導・業務委託料、ロイヤリティ等)
	マーケティング ブランド	✔ 共通取引先・チャネル対応の整備、共同営業にかかる制度の整備
		✔ コーポレート・アイデンティティーの策定 (社名変更)
	人事	✔ 人事制度の整備 (影響度分析、基幹・福利厚生制度、規程整備)
		✔ 退職給付・年金制度の統合検討、新制度の設計、移行準備

業務プロセス・ ITシステム	✔ マーケティング情報・ノウハウ共有、バリューチェーンの統合
	✔ 業務プロセス・ITインフラの設計、業務マニュアル・帳票等の整備
風土・文化	✔ 新会社移行後の業務運営に関する教育・定着化
	✔ コミュニケーションプラン策定、実行
法令等の手続き	✔ 業法・許認可、商標・特許・固定資産移転等、事業維持の対応
	✔ 社名変更、組織再編にかかる法定／税務／他手続きの対応
	✔ 顧客との契約関係の継続、再締結・更新が必要なものへの対応

各WGの連携促進

● 担当不明瞭タスクの割り当て

担当がどのWGにも属さないタスクが発生した場合、担当のWGを割り当てる。

前述の通り、PMOが主導で割り当てを進める必要がある。複数のWGにまたがる場合は、臨時で当該テーマの検討TF（Task Force、タスクフォース）を組成し、関係WGからリソースを供出して検討を進めるケースもある。

● プロジェクト内の情報の流通促進・担保

各WGが一堂に会する会議体等で、各WGのアウトプットを共有し、プロジェクト内の情報の流通を促進・担保する。

情報共有を通じて、プロジェクト関与者がプロジェクトの出来上がりの姿のイメージをもって検討を進めるとともに、他のWGへのアウトプットへの影響に注意を払いながら検討を進める必要がある。

Day1移行準備

● Day1までの残タスク・詳細スケジュールの整理

Day1まで3カ月程度を切ったところで、Day1までの残タスクおよび詳細スケジュールを整備する。

残り3カ月で未完了の事項は、各種文書の最終化やシステム改修、法的手続きの推進といったタスクが主だが、その中でもDay1までに必須のものが遅滞なく遂行されることを見届ける必要がある。残り3カ月、1カ月、1週間といった単位で従前のプロジェクトスケジュールを段階的に詳細化し、各タスクの進捗を事細かに追い掛けていく必要がある。

● コンティンジェンシープランの策定

　Day 1までの完了が必須のタスクのうち、未完了となるリスクのあるタスクを特定し、コンティンジェンシープランを策定する。コンティンジェンシープランとは、不測の事態が起こった際の対応方針や、代替案のことである。

　コンティンジェンシープランの内容は未完了タスクに応じて多岐にわたるが、一定期間はシステムではなくマニュアルでの対応を実施する、一定期間は組織再編前のオペレーションを継続するといった対応が考えられる。法的手続き等、未完了タスクの性質上、物理的にDay 1が迎えられない場合はDay 1を後ろ倒しにすることも検討する。

▶ クロージング

Day1後のモニタリング指標の設定

　Day 1後に、自社が当初の組織再編目的をどの程度達成できたかモニタリングするための指標を設定する。

　組織再編行為の完了のみでは、得られる組織再編効果は限定的であり、組織再編目的の達成に向けた活動の基盤や仕掛けが構築されたにすぎない。効果を着実に創出するには、Day 1後のモニタリングが非常に重要である。

　指標は当初の組織再編目的に応じて異なる。例えば意思決定の迅速化を掲げていた場合は重要経営アジェンダの意思決定のリードタイムや経営会議体のアジェンダ分析を実施する、間接機能の効率化を掲げていた場合は人員数や間接費の推移を比較する、といったことが想定される。

Day1後のモニタリング体制構築

　前述のモニタリング指標をモニタリングする体制を構築する。

　通常は本社企画部門が主導することが多いが、モニタリングの対

象組織によっては、対象組織自らが指標を測定し、経営会議等に報告するようなケースもある。モニタリングが形骸化しないためにも、モニタリングの責任箇所を明確化のうえ、確認・報告のタイミングおよび場（会議体等）をプロジェクト解散前に定義しておくことが重要である。

引き継ぎ資料作成

プロジェクトの引き継ぎ資料を作成する。

必ずしも組織再編行為に慣れている会社が多くはない中で、全社活動である組織再編プロジェクトにかかる豊富なアウトプットは自社にとって非常に重要な財産である。組織再編の実行後は、組織再編にかかる問い合わせ対応等に対し、どのような考え方から各種意思決定に至ったのか、経緯を振り返る必要性が発生することが多い。また、追加的な組織再編行為を実施することになった場合、過去に自社がどのような検討を実施し、どこが難所であったか把握できるのは非常に重要である。

ステコミ資料や各WGの検討資料をテーマ毎にとりまとめることはもちろんのこと、プロジェクト終了時に「想定通りできたこと、できなかったこと」「今後の申し送り検討課題」等を振り返り、次回はより成熟度の高い組織再編を実行できるようにすることも有効である。

● プロジェクトの計画・実行の難所・ポイント

▶計画

プロジェクトのリソース不足にかかる手当て

組織再編プロジェクトは通常業務でないため、有事対応としてリソースを確保する必要があるが、社内で十分なリソースが確保できないことも多い。

　ゆえに、リソース確保が難しい場合においては、特に重要なWG（戦略・方針検討を担うWGや検討タスクのボリュームが多いWG等）に優先的にリソースを配置し、メリハリをつけた体制を構築することも一案である。また、不足リソースの補塡として、特定の領域にて外部アドバイザーを活用することも有効である。

タスク・スケジュールの精度の向上

　ここまで述べた通り、組織再編プロジェクトの計画策定は難度が高い。一方で、全体タスク・スケジュールを道標として多くの関係者が一挙に検討をスタートするため、最初の精度が非常に重要であり、まずは粗いタスク・スケジュールでスタートし、後から精緻化していくといったアプローチは多くの関係者の混乱を生じさせ得る。

　ゆえに、タスク・スケジュールの策定においては、過去知見や他社事例等も活用し、当初から可能な限り精度の高い綿密なスケジュールを立てることが重要である。また、自社の過去のプロジェクトにおいて、検討が遅滞した領域やコンフリクトが起きた論点等があれば、そのリスクを加味した計画を策定することが有用である。

▶ 実行

コンフリクトの迅速な解消と未然防止

　特に組織再編プロジェクトにおいては、関与者が多く、検討が社内に閉じているがゆえに、コンフリクトが頻発する。

　コンフリクトが発生した場合、プロジェクトリーダーがトップダウンで方向付けをすることができると、プロジェクトが円滑に前に進む。また、PMOが間に入り、調整役として双方の意見をまとめ上げるといった動きも求められる。一定のボリュームがある検討課題においては、関係者を集めて1つのタスクフォースを組成し、タスクフォースとしての結論を出すよう促すことも議論を進める一助となる（タスクフォースとは、複数のWGや事業部に関わる論点を

検討する組織として、複数のWGや事業部からメンバーを集めて検討を推進する暫定的なチームのこと)。

　また、コンフリクトを未然に防ぐため、プロジェクト序盤から仕掛けを設計に盛り込んでおくことも有効である。プロジェクトのフェーズ0として、各WGがおのおののタスク検討に着手する前に、組織再編プロジェクト全体の方針をコアメンバーで固めておくことで、プロジェクト推進の骨太の骨子に基づき各WGが動けるようになり、大きな方向性の相違を防ぐことができる。

　加えて、体制組成時に、各WGの検討スコープを詳細定義し、どのWGに決定権があるのか明確にしておくことも有効である。

進捗のブラックボックス化の防止

　組織再編プロジェクトは規模が大きく論点が広範なため、PMOが常に全体の進捗・課題を把握することが難しくなり、個別のWGの検討状況が見えなくなってしまうことが多い。

　ゆえに、会議体やツールを整備し、定常的に進捗状況がPMOを含め関係者に共有されるシステマチックなプロセスを構築することが重要である。加えて、必要に応じてPMOからWGの会議体等に入り込み、実態としての進捗や課題を把握することが有効である。

　また、特定のWGの進捗が不明または遅延している場合等、必要な場面においてはトップダウンで指示出しをする、会議体にて各WG横並びで状況をさらし、競争意識を高めさせるといった打ち手も有効である。

組織再編成立に伴う活動の断絶の回避

　組織再編は暫定的なプロジェクト体制で実行されるため、組織再編が成立した後には、関与者は元の部門の通常業務に戻ることとなる。ゆえに、組織再編プロジェクトにおいて検討を重ねてきたイシューや、組織再編プロジェクトを通じて得られた知見が社内に定

着せず、断絶してしまうことが多い。組織再編における本来の目的達成に向けた活動は、組織再編成立後に本格的に着手することが多いが、本断絶によって、組織再編意図や経緯が見失われてしまい、本来の目的達成を阻害する要因にもなりかねない。

　ゆえに、組織再編にかかる検討内容や知見の引き継ぎ・定着化の仕組みを事前に整備しておく必要がある。一連のプロジェクトを通じた決定事項は1カ所に取りまとめて明文化し、主要イシューの検討資料は必要なときにアクセスできるよう総括資料として取りまとめておく、といった打ち手も有効である。

人事異動にかかるコアメンバーの交代

　組織再編プロジェクトが進行する傍ら、企業活動における通常業務も粛々と行われている。よくあるケースとして、プロジェクトのコアメンバーが人事異動の対象となり、交代となってしまうことがある。コアメンバーが途中で交代となってしまうと、引き継ぎという追加的対応が発生することはもちろんのこと、前任者との考え方の不一致や検討経緯の理解不十分により、積み重ねてきた議論が後戻りすることも多い。また、強い求心力が必要とされるプロジェクトリーダーやPMOの主要メンバーが交代になった場合、前任者同様にプロジェクトを牽引できる強力なメンバーをアサインできるとも限らない。

　メンバー交代によるプロジェクトの停滞を防ぐためには、プロジェクト中の人事異動を防ぐことが最も有効な対応策である。だが組織再編プロジェクトは秘匿性が高く、社内でも情報統制のうえで進められることが多いがゆえに、人事異動を検討する人事部門に当該プロジェクトの事情が伝わっていないことが多い。特に組織再編の重要フェーズである構想策定から基本設計、詳細設計の序盤までは、人事部門と密に連携し、コアメンバーの異動を回避すべきである。

　また、人事異動が避けられない場合は、引き継ぎ期間を十分に確

保することが必要である。通常業務の場合はマニュアルや業務フローが存在し、周囲にもサポートが可能なメンバーがいることがほとんどである。一方、プロジェクト活動では、よりどころとなるマテリアルは過去のプロジェクト検討資料等限定的であり、事細かな検討経緯は残っておらず、会議で承認された結論のみ蓄積されているケースも多い。また、プロジェクトメンバーは個々人が担当領域に関して独自に動くことも多く、メンバーの交代において周囲がサポートすることも難しいことが多い。プロジェクトにおいて日常的に検討経緯や議論内容も文書化し保存しておくとともに、引き継ぎ期間で後任者がプロジェクトの趣旨や経緯を深く理解し、自身の立場に求められる動き方をつかめるよう、前任者や周囲のメンバーはしっかりとフォローする必要がある。

要　諦　**9**

組織再編成立までに変革意識を高めるコミュニケーションを行う

● コミュニケーションマネジメントの推進の必要性とその恩恵

　要諦8ではプロジェクト運営を中心に見てきたが、要諦9では経営層やプロジェクトメンバーから現場社員へのコミュニケーションについて確認していく。組織再編プロジェクトの成功に向けて、適切な情報を適切なタイミングで提供するだけにとどまらず、双方向のコミュニケーションを通じた現場社員の変革意識の醸成が重要となる。これら一連の取り組みを「コミュニケーションマネジメント」と定義し、その推進方法について説明する。

▶ 現場社員の変革意識醸成

　そもそもなぜ現場社員へのコミュニケーションが重要かと問われると、「組織再編後の事業運営を実際に担うのは、プロジェクトでの決定を受けて現場を回す社員である」の一言につきる。組織再編プロジェクトを円滑に進めることはあくまで手段であり、現場で命を吹き込むのは現場社員であるため、情報発信や双方向でのコミュニケーションにより現場社員の変革意識を醸成して適切なアクションに結び付けることが必須である。もちろん解決したい経営課題やスキームによっては、労働契約承継法に沿った形式的なコミュニケーション等で十分な場合もあるが、多くの場合は経営層、プロジェクトメンバーが、現場社員に適切な情報を発信して変革意識を醸成することが経営課題の解決に直結すると考える。

▶ 組織再編によって得られる人材の成長機会

　組織再編という変革の中で、現場社員にとっては、組織再編を通じた経営層からのメッセージや組織再編に伴う自身を取り巻く環境変化に実際に触れることにより、「変革」を自分事として捉える機会となる。組織再編プロジェクトを通じて、経営層、プロジェクトメンバー、現場社員のそれぞれが恩恵を受けられるが、特にコミュニケーションマネジメントを推進することでその恩恵を最大化し、現場社員の意識変革・行動変容の実現や、組織再編を通じた人材育成の実現につなげることが可能と考える。

◐ うまくいかない理由や難しさ

　組織再編プロジェクトにおいてコミュニケーションマネジメントがうまくいかない場合、現場社員の動揺・混乱が生じ、経営課題の解決のために行った組織再編が、これまでの事業運営さえもままならなくなる足枷となってしまう可能性がある。

　それではまず、コミュニケーションがうまくいかない理由についてだが、多くのケースでは、情報の発信者である経営層やプロジェクトメンバーが、受け手がイメージできている前提でのコミュニケーションで十分だと考えているが多い。例えば、代表取締役から全従業員に対して社内メールを1通送るのみというケースさえも存在する。このような状況が起きる背景として、組織再編という変革期は、これまでとの変化点が大きく、通常のコミュニケーションでは、質・量ともに不足し経営陣と現場社員の認識ギャップが発生してしまった結果だと想定される。しかし、組織再編の主導者として、いま一度目的に立ち返り、戦略の方向性や経営課題の解決、現場社員の変革意識醸成につながるコミュニケーションをしてほしい。

　そのうえで、変革意識の醸成につながるコミュニケーションの必要性を認識したとしても、いざ、現場社員に対してコミュニケーションを実

施するにあたり、コミュニケーションが適切に機能しない理由や難しさは3つあると考える。

▶ 情報発信粒度の粗さや不明確さ

組織再編プロジェクトにおいては多くの現場社員が、通常業務を抱えながら、兼務でプロジェクトのタスクを推進している。ゆえに、自身の所属組織や担当業務といった現場の考えに寄ってしまうことも多い。また、現場社員はプロジェクトメンバーによる方針策定・概要設計といった上位レイヤーの検討結果を受け取り、詳細な運用に落とし込むこととなる。上位レイヤーの検討結果の粒度が粗い場合や、明確に言語化・定量化されていない場合、背景や意図が正確に伝わらず、現場社員と共通認識をもてないこともある。

その結果、変革の意図や、現場社員として求められる目線や検討の最終ゴールの品質感のイメージが描けていないことに起因して、「動揺・混乱」、「様子見」、「現業優先」という反応が発生する。経営層やプロジェクトメンバーを除いて、「やらされている」感が生じて意識が変わらない、つまり「他人事」の状態に陥ってしまう。

現場社員も含め、社内全体が「自分事」として組織再編プロジェクトを認識するためにも、情報の発信粒度には留意が必要である。例えば、意思決定された結論のみを受け渡すのではなく、議論の経緯や検討過程において候補となっていたオプション、それらに対するメリット・デメリット等を併せて共有するのも一案である。

▶ 俯瞰的なコミュニケーションの欠如

コミュニケーションマネジメントとは「人」というテーマであるため、人事WGに頼ってしまう場面が多い。しかしながら、現場社員に伝達すべき内容は、人事領域に限らず、戦略・組織等さまざまなテーマが関わっているため、人事WGを窓口としたコミュニケーションだけではなく、戦略遂行に責任を有する経営企画が手を取り合うことが

望ましい。

　なお、組織再編プロジェクトにおいてはWG活動により役割分担を基に進めていくのは前述の通りであるが、人事WGにも多くのタスクが割り当てられるため、まずは安全にDay 1 を迎えるために法的対応や制度設計等を優先して進める。ゆえに変革意識の醸成は後回しになり、「人」が置いてきぼりとなった、結果につながらない組織再編が行われてしまう場合があることを覚えておいてほしい。

▶ 受け手の理解度の確認不足

　当初のコミュニケーションプランを粛々と進めるにとどまり、プロジェクトの進捗や内容に応じたコミュニケーションプランの見直しが実施できていないケースも存在する。

　一般的に、組織再編プロジェクトの立ち上げに伴い、コミュニケーションプランを設計・推進していくが、プロジェクトのフェーズに応じて当初プランからの見直しが適宜必要となる。まず、プロジェクトの序盤は戦略・方針といった、比較的トップダウンでの一方向での発信となることが多い。一方、プロジェクトが進むにつれ、現場社員への作業依頼、現場社員からの意見聴取、現場社員との合意形成といった、より双方向で密度の高いコミュニケーションが求められる。終始、プロジェクトの決定内容を発信するばかりでは、受け手のキャッチアップ状況や考えをおろそかにしてしまい、コミュニケーション上の温度差が生まれてしまうケースもある。また、プロジェクトにおいては過去の意思決定事項が覆り、方向転換を余儀なくされることもある。そういった現場の混乱やミスコミュニケーションを引き起こしそうな場面では、臨時でキーパーソンを集め説明会を開く、議論途中でも状況を頻度高く共有する等、コミュニケーション手法を柔軟に見直していく必要がある。

⬤ コミュニケーションマネジメントのアプローチ

　組織再編を実りのあるものにするためには、多くの現場社員が組織再編後のイメージをもてるようにすることが重要である。組織再編プロジェクト全体で取り組み、プロジェクトのフェーズや取り扱うテーマに応じて、実態としての現場社員の反応も押さえたうえで、コミュニケーションプランにかかるPDCAを回していく。そのうえで、組織再編後の取り組みも見据えた、制度やKPIの見直し等の対応を行うことも考慮に入れたコミュニケーションを行うことがコミュニケーションマネジメントの成功の要諦と考える。

▶ 組織再編における意識のステージ

　組織再編における「人」の意識のステージとして、大きく以下の4つに分類される。

【ステージ1】"変革"の必要性の理解・腹落ち

【ステージ2】"変革"シナリオの理解・腹落ち

【ステージ3】"変革"シナリオの実行の意識を醸成（自分事化）

【ステージ4】"変革"シナリオの実現に向けた自発的な行動定着

　関係者がどのステージに属するかは、所属部署や役職等の属性や各個人の考え方、受け取っている情報量、与えられているタスクにより個人毎で異なる。

　組織再編プロジェクト期間（Day1までの期間）では、トップランナーはステージ3、標準的にはステージ2を目指して、関係者のステージを引き上げる必要がある。またトップランナーがその他のメンバーを牽引する場合もあり、各個人が属するステージを把握して、それに応じた適時適切な情報発信やイベント、仕組みを設定することが望ましい。

　なお、ステージ4はDay1以降で引き上げていきたいステージであることは留意いただきたい。

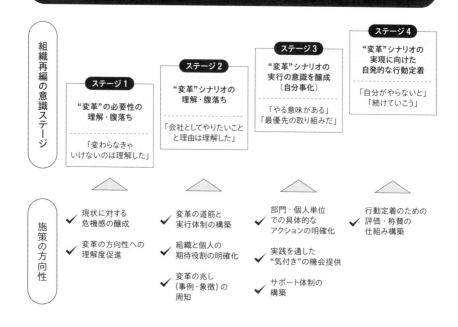

図表 3-23　組織再編における意識のステージ

組織再編の意識ステージ

ステージ1
"変革"の必要性の
理解・腹落ち

「変わらなきゃ
いけないのは理解した」

ステージ2
"変革"シナリオの
理解・腹落ち

「会社としてやりたいこと
と理由は理解した」

ステージ3
"変革"シナリオの
実行の意識を醸成
（自分事化）

「やる意味がある」
「最優先の取り組みだ」

ステージ4
"変革"シナリオの
実現に向けた
自発的な行動定着

「自分がやらないと」
「続けていこう」

施策の方向性

✓ 現状に対する
危機感の醸成

✓ 変革の方向性への
理解度促進

✓ 変革の道筋と
実行体制の構築

✓ 組織と個人の
期待役割の明確化

✓ 変革の兆し
（事例・象徴）の
周知

✓ 部門・個人単位
での具体的な
アクションの明確化

✓ 実践を通した
"気付き"の機会提供

✓ サポート体制の
構築

✓ 行動定着のための
評価・称賛の
仕組み構築

▶ コミュニケーションマネジメントの推進方法

　前述の難しさを乗り切るためのコミュニケーションマネジメントは次のアプローチで進める必要がある。

Step 1：組織再編の目的やゴールの明示

Step 2：コミュニケーションプランの作成・実行

Step 3：関係者の意識ステージの確認

Step 4：課題整理、コミュニケーションプランの見直し・組織再編
　　　　　後の絵姿への反映

　コミュニケーションマネジメントがうまくいかない理由や難しさとして前述した「情報発信粒度の粗さや不明確さ」「俯瞰的なコミュニケーションの欠如」「受け手の理解度の確認不足」への対応策も織り込み、各Stepを実施する。

　各Stepの実施手順は以下の通りである。

Step 1：組織再編の目的やゴールの明示

　組織再編プロジェクト発足にあたり、組織再編目的とゴール、出来上がりの姿については主要な経営層やプロジェクトメンバー間で議論を重ねてきたはずである。現場社員に展開するにあたり、まずは組織再編プロジェクト内で「共通認識化」する必要がある。「共通認識化」の具体的な方法としては、前述のBlueprintに沿った形で常によりどころとなる憲法として、「組織再編基本計画書」を定め、文書化するケースが多い。

　構成としては、組織再編の背景と目的から始まり、戦略、Day 1の初期仮説、プロジェクト推進原則、WGへの依頼事項で構成し、経営層やプロジェクトメンバーが協議してきた内容を可視化するのである。

　各内容に関しては、プロジェクトメンバーを惹きつける内容であることは前提として、「網羅性」「具体性」が求められる。

● 網羅性

　要諦8で伝えたマネジメントフレームワークに基づいて、各要素をブレイクダウンしつつ整理するのが望ましい。「戦略・方針」「組織・ガバナンス」「制度・ルール」「業務プロセス」「ITシステム」「風土・文化」「法令等の手続き」の軸で、特にDay 1初期仮説を整理する。プロジェクトメンバーに閉じた範囲ではあくまで初期仮説で問題ないが、共通認識を得るために定義しておくべきである。

● 具体性

　具体性については、関係者目線でも、行動変容した姿をできる限り定量的に提示することが求められる。例えば、「組織再編を通して既存業務の効率化を併せて行いxx%圧縮」「定型業務の割合をxx%圧縮して付加価値業務である企画業務に従事」「既存・

組織再編基本計画書

I. 組織再編の背景と目的

1. 組織再編に至った背景
   a. 取り巻く事業環境
   b. 組織再編の狙い
2. 本組織再編で目指していくこと
   a. 新会社の概要
   b. 組織再編後のビジョンと目標

II. 新会社戦略

1. 新会社基本戦略の骨子

III. Day 1 初期仮説

1. Day 1 の組織 (再編スキーム含む)
2. 機能別の統合状態
3. Day 1 の商流・物流・情報流
4. マスタースケジュール

IV. 組織再編プロジェクト推進原則

1. 組織再編にあたっての基本原則 (憲法)
2. プロジェクト推進体制
3. 情報の取り扱い
   a. 各WGにおける情報の取り扱い

個別製品の取り扱いをxx%圧縮して新規・複合的なサービス提供にシフト」「社内向け業務をxx%圧縮して顧客対峙業務を実施」等、日常的な業務の内容に落とし込みつつ、定量的に表現することが重要である。その他の関係者に対して展開する際には、直属の上位者が、これらの言葉を、上位者自身の言葉で伝えるとより情報が生きた言葉で伝わるのである。

Step 2：コミュニケーションプランの作成・実行

前提として、コミュニケーションプランはマスタースケジュールにおけるマイルストーンに合わせて設計する。

● コミュニケーションプランに影響を及ぼすマイルストーン

　特にコミュニケーションプランに影響を及ぼす組織再編ならではのマイルストーンとしては、外部ステークホルダーにも影響を及ぼす、対外発表、配属発表が該当する。

　対外発表においては適時開示やプレスリリース、記者会見等が行われることで、自社の情報が世間に公開された結果、取引先や顧客との話題に上がることも考えられるため、内容について質疑応答に対応できるレベルで理解しておく必要がある。

　また配属発表についても、自身の勤務先や上長、レポートラインが変わることを具体的に想起させる重要なタイミングである。

● コミュニケーションプランの作成

　マイルストーンの確認が終わった後、とるべきアクションの検討および組み立てを行い、コミュニケーションプランとして構築する。実際には次の各項目に具体的な日付、名前、資料、会場、所要時間等も定義しつつ整理する。

- 対象者の検討　　　　　　誰に？
- 方法・コンテンツの検討　どのように？
- 目的の検討　　　　　　　何を？
- 時期の検討　　　　　　　いつ？
- 主体者の検討　　　　　　誰が？

　もちろん、コミュニケーションの内容としては、業務内容や業務プロセスがどのように変化するのかを明確化するためのチェンジポイント（変化点）の把握・チェンジインパクトの整理を行い、不要な情報をそぎ落として説明するのが望ましい。具体的には、追加されるものは何か、なくなるものは何か、変更されるものは何か、誰にどのようなインパクトがあるかを整理し、意識変革の壁を乗り越えステージを上げるタイミングと組織再編プロジェクトのマイルストーンを関係付ける。

● コミュニケーションプラン作成の留意点

　1つは、P.190 の「うまくいかない理由や難しさ」に記載したが、俯瞰的なコミュニケーションの欠如である。例えば、事業計画に関する部分は経営企画が、法的内容については法務が担当しつつ、主体者としては組織再編プロジェクトの事務局が担いつつ、組織再編のプロジェクトメンバーが一丸となってコミュニケーションを行うことが成功に直結する。

　次に、「自分事化」してもらうタイミングをしっかりと定めること。具体的には、自身がどこの組織に所属するのかを伝達して、各担当者が率先して進めることを促す転機を設けたうえで、プロジェクトを加速させるのが望ましい。なお、このタイミングは、情報開示可能かどうかに依存するが、早ければ早いほど成功に近づく。もちろん、人事WG主体で組合対応は並行して進めているため、情報開示のタイミングは整合させる必要がある。情報開示は早いほうがよいとはいいつつも、組合対応や各種手続き等の計画と足並みをそろえたコミュニケーションプランを検討いただきたい。

　このコミュニケーションプランを基に、関係者のステージを把握しつつプロジェクトを推進する。

Step 3：関係者の意識ステージの確認

　Step2で作成したコミュニケーションプランに沿って進めていく中で、事前に想定していたマイルストーン、主要なイベントが開催される。コミュニケーション施策を実施後、目的に沿った効果が出ているか、その実態把握として、関係者の意識のステージを確認して、情報発信が不足していないか、検討内容が漏れていないか等をしっかり確認すべきである。

　ただ、関係者の意識ステージを把握するのは難しく、再編プロジェクトの最中で時間が限られてくるため、確認する対象の絞り込み、

および適切な手段を選択して効率的に進めるのが重要である。

　例えば、重要拠点や納得度の低いと想定される拠点に絞り込んで訪問し、現場の生の声をヒアリングする方法や、ウェブツールを用いた全社一斉のアンケートを実施する方法がある。プロジェクトでの決定事項を現場社員に説明する説明担当者に、現場社員の反応を確認するのも一案である。

Step 4：課題整理、コミュニケーションプランの見直し・組織再編後の絵姿への反映

　Step 4 では、Step 3 での結果を受けて、なぜ意識のステージを上ってもらうのが困難かについて課題を整理して、対策の検討およびマイルストーン毎のゴールの再設計を行い、コミュニケーションプランの見直しを実施する。

● コミュニケーションの課題と対応策

　課題としては、情報が少ない、組織再編プロジェクトからの一方的な発信のみである、自身がどのように関わっていけばよいか分からない／関わった場合に評価されるかが分からない等が考えられる。

　総論としてはこのような課題があるものの、現場社員それぞれは幅広い考えをもっているため、ワンパターンなアプローチは望ましくない。人の特性を理解したうえで、その特性に応じたコミュニケーションをとることが求められる。

　ここでの重要な点は、実現可能性が高い対応策や短時間で結果が出る対応策については優先的に取り組み、結果を出すことである。これをQuick-winといい、早急にプロジェクト内外にきちんと成功体験として浸透させることで、着実に効果を出していける組織再編であることの証明が可能となり、関係者の取り組む姿勢やプロジェクトへの見方が大きく変わる場合も存在する。

図表 3-25　コミュニケーションマネジメントの対応策

解決の アプローチ	Quick-Win 施策の例	具体的な 取り組みイメージ
会社・経営 からの発信を 増やす	✓ 経営層からの メッセージ発信	会社の方向、取り組みの進捗状況等について、 経営層から定期的なメッセージを発信する
	✓ 社内広報誌（紙面／ウェブ）、 社内メールの発信	企業の方向、取り組みの進捗状況について、 定期的に紙面・メールにて全社員への報告を行う
	✓ 全社総会の実施	半期もしくは四半期に一度全社員が集まる会議を 開催し、会社の現状、今後の方針を伝達する
	✓ 社長・経営陣と社員の 食事会の実施	社長と少人数の社員（若手）で フランクな会話ができる機会を設ける
従業員の 声を聞く場を 設ける	✓ よろず相談窓口の設置	社員からの不満や相談等を 受け付けるための窓口を設置する
	✓ 現場キャラバンの実施	経営層が現場を周り、会社の方向、 取り組みの目的等を説明するとともに、 社員からの不満や相談等に回答する
社員同士の 認知を高める	✓ 全社イベントの 実施	全社員が参加できる イベントを会社が提供する
	✓ オフサイト ミーティングの実施	さまざまなテーマでオフサイトミーティングを 実施する（社員の自主企画も推奨）
	✓ 部署内・間で 親睦会の実施補助	チーム間やチームを超えた親睦を深める 食事会を会社が補助する
	✓ 成果発表／ ナレッジシェア大会の企画	再編目的に対する実績、貴重な知見を 共有できる機会を作り優れたナレッジをシェアする
	✓ 社員同士の 認知促進用のDB作成	社員のプロフィール等を 紹介するウェブページを作成する
協働して成果を上げる 機会を設ける	✓ クロスファンクショナル チームの編成	ビジネスやマネジメントの課題を検討するために、 部門を超え人員を集めたタスクフォースを編成する
給与・賞与 以外での承認の 機会を創出	✓ 「顧客・仕入れ先の声」の 全社共有	顧客や仕入先からの組織再編後の姿に対する 期待を収集し、全社が共有する
	✓ 表彰制度導入（MVP）	行動指針等の実践、組織貢献に寄与した人等を 定期的に表彰する制度を導入する

　また、対応策に一段ひねりを入れ、アプローチ方法や順番を変更するのも有効な手段である。前述したが、全員の意識のステージを上げることは困難である。現場社員それぞれの置かれたステージや立場・考え方が異なる点を踏まえ、どのように組織再編に関わる熱を伝播するかを組み立てるのである。例えば、何十年も取り組んできたコア事業は少々のことでは変革をしづらいものの、早急に事業のリモデリングが求められているノンコア事業のメンバーであれば、変わらなければいけないミッションを負っている可能性が大いにあるため熱しやすいだろう。また、役職の有無にかかわらず、社内で求心力のあるメンバーをグリップしておき、そのメンバーを伝道者として拡大していくことも一例としては存在する。それぞれステージも考慮して、濃淡をつけて取り組むことにより小さな火種から大きな炎に育てることで、大きな成果を得ることができる。

● 対応策の検討における留意点

　最後に、コミュニケーションプランの見直しのみが対応策ではないことをお伝えしたい。関係者のステージによっては、組織再編全体の進行度が遅延していると考えて、組織再編後の組織体制やガバナンスの在り方を見直し・修正すること、KPIを設けることにより人を動かす方法も求められる。

▶ 成功事例の共有

　参考までに、コミュニケーションとして、経営層から現場社員全員に対して、パネルディスカッションを複数回実施したケースも存在する。具体例として、準備段階においては、組織再編プロジェクトの事務局を中心に人事WGも協力のもと、コミュニケーションプランを立案した。パネルディスカッションにおいては、プロジェクト背景や目的、組織再編後のBlueprintまでを表現豊かな動画で説明した後、経

営層が自らの言葉でどのような目線で何を考えているかの情報発信を行い、その場で関係者から質問を受け付け、経営層と関係者が生の言葉でやり取りをした。各回の反応を踏まえ、次のパネルディスカッションへ反映することにより、現場社員の理解度・満足度も高まり、ステージが引き上げられて、実りのあるDay 1を迎えられた。

このような成功事例を目指して、変革意識を高めるコミュニケーションマネジメントを実施いただきたい。

要諦 **10**

成果創出をモニタリングし
変革ケイパビリティを蓄積する

○ 組織再編の成果の
刈り取りと不断の組織再編の必要性

　前段で幾度も述べている通り、組織再編そのものはあくまで手段であり、組織再編の成立から成功へ導くためには、組織再編後に自ら能動的に成果を刈り取っていく必要がある。

　加えて、単発の組織再編では、経営者が日々相対する経営課題の網羅的な解決や全ての目標達成には至らないケースも多い。組織再編の有効性を高めるには、段階的、追加的な組織再編による改革の加速化が必要である。

　さらに、VUCA時代において経営環境は絶えず変化しており、時間の経過とともに、当初想定していなかった経営課題への対処が求められる。環境変化に機動的に適応するためにも不断の組織再編の実行は常に経営イシューである。

　日本企業でも、単発の組織再編にとどまらず、自社の置かれた経営環境や目下の経営課題を踏まえて追加的な組織再編を不断に検討している先進企業は少なくない。

▶ 事例1：常設組織としての改革推進部門の設置

　ある企業は、将来的な主力事業の市場縮小見通しにより、事業環境が厳しくなることに対する危機感や、海外進出等事業部門の変化に対し、間接部門の変化が遅く競争力が低下している懸念をもっている。それらを踏まえて、厳しい環境下でも業績を維持し、改革により着実に利益を捻出し、さらに将来的な事業環境変化にも耐え得る盤石な基

盤を構築するため、組織再編の実行に踏み切った。

　同社は本社機能にかかる業務改革、BPOといった外部リソース活用、子会社売却といった外部化による固定費の変動費化といった複数施策の組織再編ロードマップを掲げ、暫定組織としてプロジェクトを組成し数年かけてプロジェクトを実行した。

　プロジェクトが一段落した時点で取り組みの振り返りを実施するとともに、今後のさらなる環境変化に対して絶えず体制の見直し・強化を進める必要性を実感し、定常組織として改革推進部隊を新設した。

　改革推進部隊の主なミッションは、①過去取り組みの目的達成度合いのモニタリング、および②新規改革施策の立案とした。

① 過去取り組みの目的達成度合いのモニタリング

　プロジェクト終了時に各施策に対してモニタリング指標を設定し、定点的に効果測定を実施した。

　例えば、BPO活用施策においては、業務委託先によるコスト削減の進捗・達成状況や、自社に提供されているサービスの品質に問題がないかといった指標でモニタリングを実施した。

② 新規改革施策の立案

　改革推進部隊が中心となり、各事業部・本社部門からの課題を集約し、新たな改革施策候補を議論し、過去プロジェクトの知見を生かして追加的な施策の実行を推進した。

　完全な新規施策のみならず、国内で実施した施策の海外各国・地域の拠点への拡大といった成功事例の横展開も推進した。また、業務委託先の変更や、委託業務の範囲の拡充・縮小といった既存施策のブラッシュアップも実施した。

　組織再編の取り組み主体をプロジェクトから定常組織としたうえ、一過性の取り組みにとどまらず成果の刈り取りのための継続的なモニ

タリングを実施したことに加え、プロジェクトで獲得した知見を活用しつつ、絶え間ない組織再編を推進している点がポイントである。

▶ 事例2：不断な組織の在り方の変革に伴うシェアード会社の解体

　ある企業は、持株会社体制への移行に伴い、本社機能・事業支援機能を集約した複数機能のシェアード会社を設立した。当時、当該会社は会社全体での効率化・高度化をミッションとしていた。

　組織再編当時は、事業毎に異なる経営環境に対応していくため、事業軸を強化した事業の自主独立運営を目指しており、それに伴い間接機能はグローバルで集約化し徹底的な効率化・高度化を目指していた。

　しかし組織再編後数年経過すると、各事業を取り巻く経営環境の変化に伴い、グループ間接機能の在り方の見直しが議論となった。当初はグローバルでの集約を想定していた間接機能だが、一部事業においては顧客や事業に近い立地での運営が望ましいと見直され、シェアード会社と事業や機能子会社との機能重複、シェアード会社の位置付け曖昧化が課題となった。さらに、シェアード会社のマネジメント体制が遷移する中、当時の間接機能の効率化・高度化といった構想が形骸化していることに課題を感じていた。

　同社は、前述の経営環境や前提条件の変化を踏まえ、シェアード会社を含む本社機能・事業支援機能の組織再編に踏み切り、持株会社／子会社の機能配置やエンティティの在り方を見直し、結果的にシェアード会社を解体した。

　過去の組織再編行為や現在の組織形態にとらわれず、今どうあるべきかを常に考え続け、不断に組織の在り方を変革していった点がポイントである。

▶ 事例3：合弁会社の設立に向けた持株会社体制への移行

　ある企業は、脱炭素や技術革新の加速等、事業環境が大きく変化する中で、自社の主力事業の持続的成長・発展に向けて、主力事業にか

かる合弁会社を設立することを決定した。異業種であるパートナー企業と技術力、産業知見、ネットワーク等で連携し、グローバルでのプレゼンス向上、顧客ニーズに応じたソリューション提供の実現が狙いであった。

　合弁会社の設立に際しては、当該事業にかかる機能を自社から切り離す組織再編を実施した。切り離し対象となった事業は、古くから運営されこれまで多くの収益をもたらしてきた主力事業であったものの、上記の事業環境変化の中でパートナー企業のケイパビリティを組み合わせることで今まで実現できなかった事業展開につなげることになった。

　一方で、組織再編対象とせずに本体に残置するとした事業についても、将来的な組織再編の可能性を踏まえて並行検討することとした。残置した事業を、外部との合従連衡を進めるべきもの、新規事業としてM&Aによる外部資源獲得等の攻めの対応が必要なもの等、今後数年間における組織再編のプランニングを行った。

　さらに、事業の再編の進行に応じて本社部門の構えについても見直しを構想した。従来とは異なり、合弁事業を共同で運営するパートナー企業との連携や機動的に事業のM&Aを推進するための機能強化が必要となっており、純粋持株会社の設立・グループ経営体制の変更までも視野に入れている。

　絶えず変わりゆく事業環境の変化に応じて、事業とコーポレートの姿を適宜変えていく組織再編構想を中期的なスパンで検討しているところがポイントである。

● モニタリングと変革ケイパビリティ蓄積の重要性

　組織再編において、着実に成果を刈り取っていくためには組織再編目的・経緯を深く理解した者が、設計時の目論見通りに各種仕組みがワークしているか、当初目的をどこまで達成できているかを定点観測する必

要がある。本書ではこのような当初目的の達成度合いを定点観測する行
為を組織再編の「モニタリング」と定義する。

　また、組織再編を、環境変化への対応に向けた取り得る戦略オプショ
ンの１つとして念頭に置き、最適なタイミングで実行するためには、他
社も含めた一般的な組織再編にかかる知識、および自社固有の組織再編
経緯といった知見をもっておくことが必要である。本書ではこのような
組織再編にかかる知見や実行力を絶えず獲得・強化することを「変革ケ
イパビリティ蓄積」と定義する。

　このようなモニタリングと変革ケイパビリティ蓄積を推進するために
は、組織再編にかかる活動に関して、主体的に関与する機能・組織をもっ
ておくことが重要である。

● モニタリングと変革ケイパビリティ蓄積の具体例

▶ モニタリング

　繰り返しになるが、組織再編行為の完了だけでは必ずしも想定して
いた効果を得られるわけではないため、当初目的の達成度合いを定点
観測していくことが重要である。また、組織再編の構想や実行時点で
は想定していなかった課題が後々に顕在化するケースも多い。組織再
編行為の完了がプロジェクトの終了ではなく、その後の振り返り、新
たな課題の特定・分析、対応策の検討を継続して進めることが求めら
れる。

　モニタリングの指標は組織再編目的や組織再編オプションによって
異なるが、一般的には以下のような指標を選択することが多い。

持株会社化
事業の成長率、意思決定の質の向上度合い（リードタイム、内容等）、
経営人材育成の進捗率

コーポレート強化、SSC/GBS
生産性(＝事業会社への提供サービス／投下工数)や提供サービスの品質

BPO
コスト削減効果、品質クレーム数や顧客満足度

　モニタリングにおける指標の測定結果はしかるべき場においてマネジメントに報告される必要がある。一般的には、企画部門が主導で指標測定の対象組織に説明責任を求める。また、対象組織は自組織の成果を示すことによるプレゼンス向上も意識し、自ら情報を主体的に収集・分析し、経営会議等で報告する準備をしていくことが求められる。

▶ 変革ケイパビリティ

構想力

　自社にとっての組織再編行為の必要性を検討し、複数の組織再編オプションから最適な手法を選択する「構想力」が必要とされる。
　組織再編の構想には、大前提として自社の経営課題に精通していることが求められる。自社の経営課題を正確に捉えたうえで、その課題を組織再編で解決するか、それ以外の方法で解決するかを見極める。自社の戦略をどのような組織体制をもって解決するのか、事業戦略に対して組織がどのようなメカニズムで影響するのか、関連付けて考えることが重要である。そのためには、先進事例や他社事例を研究することも有効であり、他社企業のベンチマーキングを実施するケースも多い。

実行力

　組織再編目的や組織再編構想を具体化し、実務上のプロジェクトワークまで落とし込むための「実行力」が必要とされる。
　組織再編プロジェクトの計画・実行の進め方・ポイントは要諦8

ですでに述べているが、経営環境変化のスピードが増している中で、機動的かつ本来目的を見失わずに、組織再編を実行に移していくためのプロジェクトマネジメント力はなくてはならない。

● モニタリングと変革ケイパビリティ蓄積のアプローチ

▶ 前提

ここではモニタリングと変革ケイパビリティ蓄積の実施アプローチを詳述するが、前提として、本サイクルを自社の「型」をもって実行することが重要である。プロジェクトチームの組成方法や意思決定機構の位置付け（既存会議体を使用するか否か等）、ナレッジマネジメントの方針・手法・ツール、モニタリングの責任者と報告先等について、プロジェクトの大小はあれど、一定の型をもっておくことで、プロジェクトの手法論への工数投下を最小化し、プロジェクトの中身の議論を可能にする。

▶ プロジェクト実施前

ナレッジマネジメント方針・手法・ツールの整備

プロジェクトで生成されるマテリアルやその検討経緯等のナレッジをどのようなルールに則って整理するか検討する。

最終成果物だけでなく、中間生産物や議事録等、検討経緯を後で振り返ることができるナレッジも整理対象にすることが望ましいが、重要度に応じて後から探索のしやすい構造を設計しておくことが重要である。必要に応じてプロジェクト専用のフォルダといったツールも用意する。

プロジェクト中～プロジェクト終了後のモニタリングオーナーの選定

プロジェクト中やプロジェクト終了後に、モニタリングの責任者となる部門を検討する。

プロジェクトのフェーズに応じて事業部門等、プロジェクト以外のメンバーの巻き込みも必要となるケースもある。また、プロジェクト中〜プロジェクト終了後のモニタリング結果の報告タイミングについても、フェーズの切れ目等にあらかじめ設定しておくことで、モニタリングの抜け落ちを防ぐことも有効である。

▶ プロジェクト中

フェーズ毎における前フェーズの振り返りの実施

　フェーズ毎に前フェーズの振り返りを実施する。

　各フェーズのタスクが予定通りに進んでいるかといった進捗確認にとどまらず、組織再編目的に照らして出来上がりの姿のレベルが落ちていないか、予期せぬ事象（例：マネジメントの交代）でプロジェクトに重大な影響が発生していないか、といった組織再編の成立のみならず成功に向けた観点での振り返りが重要である。

ナレッジ（検討経緯等）の整理・蓄積

　プロジェクト中に生成された最終成果物や中間生産物、議事録を整理・蓄積する。

　担当者を定めて一貫して抜け漏れなく実施するのが望ましい。プロジェクトが具体検討に進むにつれて、どこまで詳細な資料を整理・蓄積するのか等が個人の判断に委ねられ、ナレッジ整理・蓄積の運用自体が曖昧になってしまうケースもあるので、定期的な棚卸し等を実施のうえ、形骸化に留意する必要がある。

▶ プロジェクト終了時

積み残し事項の整理

　プロジェクト終了時に検討しきれなかった事項や、出来上がりのレベル感が下がってしまった事項を整理する。

　積み残し事項については、誰がいつまでに検討するのかを明確化

し明文化しておく必要がある。やむを得ず未達成事項として対応を
ペンディングする場合、その要因分析を実施し、同じく明文化して
おく。

モニタリングオーナーへの引き継ぎマテリアル作成、引き継ぎ実施

プロジェクト終了後のモニタリングオーナーへの引き継ぎマテリ
アルを作成し、引き継ぎを実施する。

モニタリングオーナーは企画部門等、定常組織に移行されるケー
スが多いが、必ずしもプロジェクト関与者が連続性をもって引き継
ぐことができるとは限らない。よって、プロジェクト外メンバーの
立場でも組織再編の趣旨や検討経緯、残課題が深く理解できるよう、
念入りな引き継ぎを実施するとともに、必要に応じて過去の検討経
緯を掘り返すことができるようナレッジマネジメントツールの読み
解き方法や、不明点がある場合の問い合わせ先を明確化しておく必
要がある。

▶ プロジェクト終了後

モニタリング項目の定点観測の実施

設定したモニタリング項目の定点観測を実施する。

事業部門や各本社部門への協力要請が必要な場合もあるため、定
点観測の頻度やタイミングを事前に関係者に共有しておく必要があ
る。また、組織再編直後はうまくモニタリング項目が取得できない
ケースもある。その場合は、次回の定点観測のタイミングまでに、
モニタリングツールの追加的な整備や、モニタリング項目の見直し
を実施する必要がある。

（必要に応じて）追加組織再編要否の検討

自社における追加組織再編の要否を検討する。

積み残し事項や、当初目的に照らした場合の組織再編の達成度合

いを鑑み、追加的な施策の要否を検討し、それが組織再編によって
解決すべきものなのかを精査する。組織再編直後に判断することは
難しいため、1年程度はプロジェクトの結果をモニタリングしたう
えで、その間に起きた事業環境変化等も加味して検討する必要があ
る。

モニタリングオーナーの組織再編知見の拡充

　　変革ケイパビリティ蓄積に向けて、モニタリングオーナーの組織
再編知見を拡充する。

　　自社の過去の組織再編の是非の評価や、今後の追加組織再編要否
を検討するには、自社の過去取り組みを振り返るだけでなく、モニ
タリングオーナー自らのケイパビリティを拡大していく必要がある。

　　具体的な手法はいくつかあるが、他社におけるベストプラクティ
スを研究する、専門機関が主催する組織再編にかかるトレンドやポ
イントのセミナー等を受講する、積極的に事業側の小規模組織再編
に関与し経験値を蓄積するといった方法が挙げられる。

● モニタリングと変革ケイパビリティ蓄積の難所・ポイント

▶ 業務量の多寡に応じたリソースの確保

　　組織再編を検討・推進する担当チームは、推進中のプロジェクトの
数やプロジェクトのフェーズに応じて業務量が左右されるため、定常
組織化が難しい。通常の組織再編プロジェクトにおいて、大半のプロ
ジェクトメンバーは、各部門から一時的に募り、プロジェクト終了後
は元の部門に戻ることが一般的である。

　　ゆえに、組織再編推進組織は企画部門等で、M&A等組織再編と親
和性の高いミッションの担当等と兼務することが多い。進行中のプロ
ジェクトや通常業務との兼ね合いを調整しつつ、必要なタイミングで

組織再編の構想、実行、振り返り等にリソースを振り向けていくことが必要である。

　また、プロジェクトの状況によっては膨大な業務量を定常組織で吸収できないケースもあるため、必要に応じて外部アドバイザーをスポット活用することも有効である。

▶ 社内における組織再編知見者の不足

　自社内に組織再編知見に長けたメンバーが必ずしも豊富にいるとは限らない。昨今は中途採用等で一定の経験者・知見者を確保している企業もあるが、自社の個別事情に通じており、自社に適した組織再編を幅広いオプションから選択し、実行できる人材を獲得・育成することは容易ではない。

　組織再編の巧者になるためには、自社の置かれた経営環境やその裏にある自社の歩み・歴史を踏まえ、自社の組織再編戦略を自社流にカスタマイズしていくことが非常に重要である。そのためには、これまでも述べている通り、過去の組織再編知見を蓄積しておくことが非常に有効である。

　日本企業で組織再編知見に長けた人材を有する企業は現状多くないと推察する。しかし、組織再編知見の獲得により、個々人の専門性向上、自社でのキャリア開発上のプラスの影響、転職市場における市場価値の向上といったメリットを見込むことができる。こういった魅力を訴求し、社内で人材を育成していくことで、より自社の変革ケイパビリティを強化していくことができる。実際に、M&Aやデジタルといったテーマにおいては、自社内で専門人材を育成する動きが加速している。

▶ 関与者のモチベーション維持の難しさ

　組織再編プロジェクトにおいて全社のステークホルダーや抵抗勢力と折衝し、あるべき姿に導いていく活動は、非常にストレスが大きい

環境である。ゆえに、組織再編プロジェクトへの関与は必ずしもポジティブに捉えられるとは限らず、一度プロジェクトに関与しても、プロジェクト終了後は燃え尽きてしまうケースも散見される。

　組織再編というテーマに限らず、ストレスの大きい職場環境における動機付けやモチベーションの維持・向上は難しいものである。前述の通りキャリア開発上の登竜門として位置付け、やりがいや意義についてコミュニケーションをとることも一案である。加えて、社内の調整が必要にはなるが、プロジェクトの関与者には明確に評価で報いるといった成果に対する報酬を用意している企業もある。

第 4 部

個社企業の
事例紹介

4

個社企業の
事例紹介

● 他社事例を通じた学び

　第2部で「組織再編の類型」、第3部で「組織再編の要諦」について説明してきたが、組織再編を実行している各企業グループは自身の置かれる環境や今後の事業戦略等を踏まえた最適な組み合わせを志向し、複数の組織再編を段階的に推進している。それぞれに課題を克服しながら次なる戦略実行に向けた経営基盤を構築してきている。ここでは、不断に組織再編を行い企業変革に取り組む日本企業の事例を取り上げ、前述した類型・要諦に関する理解を深めていただければと考えている。

　事例紹介にあたっては下記に示す4つの観点で整理している。どのような背景目的で組織再編に踏み切ったか、目的達成に向けた組織再編のポイントは何か、立ちはだかる課題にどう取り組み乗り越えたか、その結果としてどのような成果があり次なる課題を認識しているか、読者の皆様が具体的にイメージできるよう、できるだけ実例に即して記載している。

【事例紹介の構成】
背景・目的
組織再編概要
チャレンジ・難所
その後の動向、成果や課題

　なお、ここで取り上げる事例は過去にも組織再編を行ってきた企業が大半であり、過去の取り組みを振り返り、新たな経営戦略・組織再編目

的のもとに取り組み、一定程度、目的を達成したケースである。当初目的を一定程度達成しており「成功」と捉えることができるが、常に事業環境は変化し経営戦略が見直される中で、現時点の組織体制が必ずしも有効でなくなる場合がある。環境・戦略等と組織再編の関連が重要であることを再度、確認いただき、その事例がどのような環境・戦略下であれば有効か、またそうでなくなるかについても事例を通じて感じ取っていただけると幸いである。一方、ここで取り上げている事例の「チャレンジ・難所」は環境・戦略等によらず、どのような組織再編の場面においても発生し得るものと認識している。

　ここでは、可能な限り、多くのケースを具体的に記述している。この事例紹介をきっかけに、今後、組織再編に取り組む各企業内における議論が活発化することを期待している。

🌓 7つの他社事例

　事業環境がめまぐるしく変化する中において、日本企業の一部では、環境変化に適用する形で不断にグループ組織の構造改革を推進しており、その組織形態は進化してきている。

　その代表的な場面として大きく以下の5つの組織再編ケースと、それにひも付く7つの事例を整理する。今回取り上げた組織再編ケースは、2019年以降、より取り組みが増えてきたものと捉えており、複雑化・難化する経営課題に対して、複数の組織再編オプションを組み合わせ実行しているものである。また、7つの事例に登場する企業グループは、組織再編を一過性のものと捉えず、常に先を見据え、不断に組織再編を検討・実行しており、学ぶべきものが多いと認識している。

● 事例紹介

ポートフォリオ経営の推進・新規事業創出に向けた組織体制

　競争環境の激化、直近ではCOVID-19 の影響を受けて、これまでのコア事業が必ずしもコアであり続けられない可能性が高まっている中、日本企業は新規事業の創出を含めたポートフォリオ経営に本気で向き合おうとしている。

　ポートフォリオ経営を推進するグループ経営体制として、持株会社体制への移行によって事業の執行とグループ経営・監督を組織的に分離し、持株会社がより中長期・グループ目線で経営資源配分を行い、既存の事業だけでなく新たな事業の柱の創出に向けた資源配分を大胆に実施するケースが増えてきている（M&A・グループ内での事業の組み替えも積極活用しやすくなる）。事業会社側はそれぞれ競争環境に特化した経営構築・仕組み整備が可能となり競争力強化につながっている。

▶ 第二・第三の柱創出に向けて 純粋持株会社体制に移行した企業A社

> **組織再編目的：** グループ経営の最適化（ポートフォリオマネジメント）、事業競争力の強化（各事業の自律性の向上）、コーポレートの強化（新規アジェンダの推進）
> **組織再編オプション：** グループ再編（純粋持株会社設立、事業再編）、コーポレート改革（グループガバナンス改革）

背景・目的

　　コア事業はグローバルでも5本の指に入る日本企業A社。ただ、コア事業はボラティリティが高く、かつ環境問題等の影響から、コア事業に頼った一本足打法での事業展開に限界を感じていた。

　過去も何度かコア事業の業績悪化を受けて、新規事業の創出を志向するも、再びコア事業の業績が回復すると、全ての経営リソースをコア事業に集中させてしまい、新規事業の芽を摘んでしまう、枯らせてしまうことを繰り返していた。

組織再編概要

　コア事業の業績変化に振り回されず、周辺事業を育成、また新規事業を創出、確実に育て上げるために、あえてリソースを遮断させることを選択し、コア事業とその他事業を分社化することを決定した。その他事業のリソース確保のため関連事業子会社と統合を行い、コア事業との規模格差はあるものの、一定の規模を保つようにした。

　加えて、第二の柱になり得る事業、周辺事業をコア事業と並列化することで、当該事業の主体性を高め、また、コア事業の考え方、品質基準等に引っ張られない環境を整備した。事業の並列化に同期をとりながら、グループ経営に特化し、中長期的・グループ目線での戦略立案・遂行を担う部門を持株会社内に設置した。

チャレンジ・難所

● 持株会社と事業会社の距離感

　当該グループに占めるコア事業の割合が高く、また1件当たりの受注規模が大きくグループ全体に与える影響が大きいことから、どこまでコア事業に権限委譲ができるか、どこまで持株会社が介入するかについて経営陣の中で議論がなされた。コア事業も今後変革が求められる中で、これまでとの違いを明確にするために一定の権限委譲を行うことを意思決定し、そのために移行期間を設けること、また事業会社側の経営体制のレベルを上げることを検討した（結果として、競合他社のマネジメントを採用する等の施策を実施）。

● 変革後の新たな姿の提示

　コア事業の成功体験が強い企業グループにおいて、新たな事業創出を掲げるも、なかなかイメージがもてない、一歩が踏み出せない、持続的な取り組みとならないことが課題であった。組織再編と同期をとる形で長期ビジョンを策定し、その中でグループとして目指す方向性、各事業会社の期待役割等を明示した。

　加えて、新規事業のタネについては、経営陣が責任をもってサポートし、小さな成功体験を積み上げるとともに、対外的にコア事業以外のテーマを積極的に発信することで、新たな姿のイメージ醸成を進めた。

● 限られた経営資源の中での推進（本社部門の変革）

　本社部門を中心に限られた人的リソースの中での取り組みであり、組織再編局面では持株会社・事業会社間の兼務体制を多く取らざるを得なかった。グループ経営を志向し、先を見据えた検討を進めるにあたっては兼務体制下では現場業務に引っ張られがちであった。このため、新たなケイパビリティがないとの自己認識から、コーポレート中期経営計画を策定し、その変革の歩みを一歩一歩進めている。

その後の動向、成果や課題

　長期ビジョンを掲げ、純粋持株会社体制に移行してから一定期間が経過しているが、当初の目論見通りリソース遮断が効果を発揮し、少しずつ、新たな事業の芽が生まれ始めている状況である。コア事業の業績も持ち直しつつあるが、強化された人事機能により、グループ目線でのリソースコントロールが行われつつある。

　さらなるコーポレート機能強化や、今後、M&Aを加速させることを見据え、GBS設立にも取り組んでいる。

事業自立のための組織再編

　1点目のケースと組み合わせて議論されるケースが多いが、各事業が対峙するマーケット、競合他社と対等に戦える経営基盤を構築する目的で各事業を分社化し、結果、持株会社体制に移行する企業グループも多い。

　各事業を分社化する目的の1つとして、分社化により事業を自己完結化することで「自分の会社」という各事業の自律性を高め、また各事業の実態をさらすことで、事業強化をドライブさせることができる。事業強化の方向性として、グループ内で分散している同種の事業会社を統合する場合や、ノンコア事業については外部パートナーとの協業により新たなケイパビリティを獲得し事業強化するケース等があり得る。

▶事業を並列にし、事業間で切磋琢磨させることでグループ成長を目指す企業B社

> **組織再編目的**：グループ経営の最適化（ポートフォリオマネジメント）、事業競争力の強化（各事業の自律性の向上）
> **組織再編オプション**：グループ再編（事業再編）、コーポレート改革（グループガバナンス改革）

背景・目的

　祖業・コア事業が生み出す原資を、新たな事業の成長投資・M&A等に充てることで、コア事業以外の事業規模が少しずつ拡大傾向にあり、コア事業を含めた3つの事業単位を設定した。

　経営スピードが加速し多様化する中で、持株会社が中心となって事業単位を管理することに限界を感じ、グループ目線で意思決定をするためには、コア事業との距離感を一定程度担保する必要性を認識していた。

組織再編概要

　B社は組織再編による遠心力と求心力を使い分け、事業立地の組み替えを行ってグループ成長を実現している。特に各事業を並列にし、一定の重複がある中でも切磋琢磨する中で結果としてグループ成長に寄与することを志向している。

　直近の組織再編では、3つの事業単位の自律性を担保し、より各事業の競争環境に根差し、勝ち残れる経営基盤を確立するため、持株会社側から大幅に権限委譲を行うことを志向し、それぞれに中核会社／中間持株を設定した。各事業単位の組織再編を含めた戦略策定は中核会社が担う形となり、1つの事業単位では、グループ内に分散した経営資源を集約・競争力強化のため、中核会社を存続会社として子会社統合を実施している。

チャレンジ・難所

● 権限委譲を行う前提としての事業会社側の管理基盤

　事業単位の企業成長にはM&Aは不可欠であり、M&A推進の権限も中間持株会社に移管することを検討していたが、中間持株会社側でM&Aのリスク評価等を行うケイパビリティが十分ではなく、権限委譲に二の足を踏んでいた。しかし事業会社の自律性担保、主体性を高めるためにも、持株会社からM&Aに関する専門人材を異動させることでケイパビリティを担保し、権限委譲を進めた。

● 事業単位横断での連携強化

　中間持株会社体制に移行し、各事業単位の自律性・独自性を強くすればするほど、同じグループにいながら事業単位間の連携が阻害される懸念を感じていた（過去の組織再編において、分社化して会社間で競争環境を整備した際、会社間の連携がおろそかになり、個別最適になってしまった経験あり）。そのため、持株会

社は各中核会社の経営陣を兼務させることで縦連携の強化や、CXO／機能軸による事業間の横連携強化に取り組んだ。

● 組織再編に関するノウハウの構築

　当企業グループはM&Aを多く実施しており、そのプロセス等一定程度標準化されているが、組織再編についてはそこまで件数が多くはなく、ナレッジの蓄積も十分ではなかった（人材流動性が高い企業グループであることも要因）。そこで、3つの事業部／中核会社体制への移行プロジェクトにおいてはナレッジの文書化を進め、その後の事業会社統合の際等は、そのナレッジをベースに検討が進められた。

その後の動向、成果や課題

　上述の通り、事業部の1つでは中核会社を軸とした子会社再編が実行されており、中核会社のリーダーシップのもと、各事業単位として競争優位を確立すべく変革を推進している。

　一方で、3つの事業単位間の連携、グループ横断でのシナジー創出という観点では、純粋持株会社として継続的な課題として認識されており、今後も求心力・遠心力のバランスを考えた組織再編が行われるものと想定される。

▶ 事業の徹底的な自律経営体制の構築を通じて競争力強化を図る企業C社

組織再編目的：グループ経営の最適化（ポートフォリオマネジメント）、事業競争力の強化（各事業の自律性の向上）
組織再編オプション：グループ再編（純粋持株会社設立、事業再編）

背景・目的

　幅広い事業領域を抱える一方で、各事業の収益性の低迷にC社は長年課題を抱えていた。その解消に向けて、個別事業単位の自律経営による競争力強化と、個別事業の枠を超えたセグメント単位でのポートフォリオマネジメントや新規事業創出等の両立に向けて、組織再編や構造改革を過去繰り返し行ってきた。しかし、一定の成果はあったものの、危機意識の不足や事業領域が広いがゆえの一元的マネジメントの限界等もあり、根本的な解決には至らずにいた。

組織再編概要

　自律経営意識や危機対応意識の向上、意思決定スピード向上や各事業の特性に応じた各種制度の自由度担保等を目的とした変革を実現・徹底すべく、セグメントレベルでの分社を通じた純粋持株会社体制への移行を図った。

チャレンジ・難所

● ガバナンス構造の抜本的見直し

　組織再編前は、極端に言えば、事業部門が何をするにもグループ本社にお伺いを立てるということがルール上も運用上も常態化し、結果として意思決定スピードの低下や施策の丸まり等による競争力低下につながっていた。

　本組織再編を機として、各事業に対して経営自由度の担保とその裏返しとしての経営責任の明確化を図った（任せる代わりに責任も求める）。具体的には、抜本的な決裁権限の委譲や全社一律の各種業務ルールの撤廃等を行う一方で、役員評価の業績連動比率の向上や自律的なリスク管理・内部統制管理体制の構築等をセットで行った。

● **各事業の監督・支援役としての持株会社（グループ本社）の再定義**

　　グループ本社の実質的な役割は、これまで特に守りのガバナンスの色合いが強く、結果として本社組織の肥大化・事業に対する価値発揮不足に陥っていた。前述のガバナンス構造の抜本的な見直しも含めて、そういった役割を必要最小限にとどめるとともに、事業会社の競争力強化の監督・支援を行う存在として再定義を行い、当該役割に関わる機能・人員への絞り込み・特化を行った。具体的には、グループ全体の方向性の立案とそれに応じた大きな目標の事業会社への提示、各事業の収益性等に合わせたマネジメント、事業会社横断の機能強化の主導等を持株会社が担うこととした。

● **巨大組織再編プロジェクトのマネジメント**

　　会社規模自体が非常に大きいことに加え、全社に関わる組織再編であったことから、関係者や検討事項が莫大となり、検討事項の整合担保やプロジェクトの方針・背景の現場までの浸透、WG・部門間のコンフリクトやWGをまたがる課題への対処等に、類を見ないレベルの難しさがあった。段階的にPMOの体制を拡充し、能動的な課題の巻き取りや、時にプロジェクトリーダーへの提言とトップダウンでの方針策定等を活用して検討を前に進め、組織再編の成立に至ることができた。

その後の動向、成果や課題

　　純粋持株会社体制に移行してから一定期間が経過しているが、当初の目論見に沿って、持株会社が示す大きな方向性の下で、各事業会社が自律的に競争力強化のための取り組みを抜本的・スピーディーに進めている状況である。事業会社側の自律意識の変化や、独自の取り組みも加速している。

グローバル化の推進を企図した組織再編

多くの日系企業にとっての重要課題であるグローバル化の推進に向けて、組織体制を再編するケースがある。より地域毎の経営を推進していくための、地域統括会社等の組織構造の再編や、大型のM&Aによって獲得した企業をコアにグローバル展開を加速するために、親会社自体の組織体制を見直すケースも見られる。

買収した企業を軸としながら、グローバルケイパビリティを高めたり、グループ全体での事業拠点を、買収企業を中心に海外に移管するケース等がある。

▶日本地域の事業も含めて海外に拠点を置く
事業統括会社に移管し変革を推進する企業D社

組織再編目的：グループ経営の最適化（意思決定の質・スピードの向上、機能重複排除によるグループ体制の効率化）、コーポレートの強化（新規アジェンダの推進）

組織再編オプション：グループ再編（事業再編）、コーポレート改革（グループガバナンス改革）

背景・目的

過去、買収した企業を母体として、グローバルの統括会社を設置し、その会社を軸としてM&Aを加速させ企業成長をドライブしてきた。ただ、グループ売上の一定規模を占める国内事業を中心に競合他社から出遅れるという状況になってしまい、コア事業の変革が急務となっていた。加えて、日本本社はコア事業以外の事業開発、グループのポートフォリオ経営に特化する必要があり、コア事業の管理から離れることを志向していた。

組織再編概要

　コア事業を中心に海外事業を統括している海外現法の傘下に日本地域におけるコア事業を移管し、グループとしてコア事業の指揮命令系統を統一させた。一方、日本地域におけるコア事業を移管することで、日本本社がグループ経営、ポートフォリオ経営に特化できる体制を構築した。

チャレンジ・難所

　コア事業の戦略立案から実行までを事業統括会社に移管することで、本社機能としての役割に専念できる環境が整った一方、その役割を遂行できるケイパビリティの構築が急務となっていた。経営陣もグループの進化に対して本腰を入れ、さまざまなメッセージを発信するとともに、機能強化に向けた外部専門家の活用等を積極的に実施している。

その後の動向、成果や課題

　事業統括会社のリーダーシップのもと、コア事業の変革については着実に進捗が見られている。本社機能に専念する日本本社も新たな取り組みが生まれつつあり、変化の兆しが見えてき始めている。この先、進化した本社機能がコア事業の変革・成長にどう関与していくか、重要な議論になってくるものと認識する。

グループ経営力の集約化を企図した大規模なグループ組織再編

　近年では持株会社体制に移行し一定期間が経過した後に、本業への原点回帰・経営リソース集約化を企図し、事業持株会社に変更するケースも増えている。これは、持株会社体制を取って一度分散し、事業の裾野を広げたうえで、自社にとっての本流としての事業を見極め、再度組織再編をするケースである。

さらに、事業環境の変化にグループ一丸となって対応し、強固な経営体制を構築するためにグループ子会社の統合を進めるケースも増えてきている。

▶ 関連事業会社の統合によりコア事業の求心力強化、リソース共有化を推進する企業E社

> **組織再編目的**：事業競争力の強化（事業へのリソースシフト・コア事業への集中）、コーポレートの強化（本社固定費の適正化）
>
> **組織再編オプション**：グループ再編（事業再編）、コーポレート改革（コーポレートスリム化・強化）

背景・目的

過去に事業領域拡大を志向して純粋持株会社体制に移行し、事業開発は一定進んだものの、事業会社間の壁がありコア事業が新規・周辺事業の育成を支援することが十分に進まなかった。加えて、近年の環境変化からコア事業の業績が拡大、ニーズが拡大する中で事業会社を超えてのリソース共有に壁があり、改めてグループ一丸となって変革に取り組む必要性を感じていた。

組織再編概要

グループ全体のリソースを共有化、グループ目線から最適配置をすべく、コア事業を中心に担う中核事業会社に関連する事業会社を統合・合併する組織再編を実行した。ただし、過去に純粋持株会社体制に移行した以前の姿に戻るのではなく、グループのリソースは集約・共有化を図る一方、各事業・部門の権限を一定付与する形で1社体制ながら、自由度を高める設計としている。

チャレンジ・難所

　　コア事業の業績拡大を受けて今回の統合・合併を判断したものの、事業領域拡大の必要性は変わっておらず、１社体制となった現段階でもその歩みは止めていない。

　　これまではコア事業はコア事業、事業領域拡大は他の事業会社と役割を明確に分け、コア事業からの支援をあまり受けられない状況であったことを振り返り、１社体制の中では、コア事業が事業領域拡大にコミットする形をとった。また、一度、別会社化していたため、１社体制にあった状態でも各事業の業績実態をクリアにモニタリングすることが可能となっており、事業領域拡大に向けたPDCAを引き続き回している。

その後の動向、成果や課題

　　統合・合併により、コア事業に対するニーズ拡大への対応可能な体制を整えることができた。また、これまで事業領域拡大を志向していたことから、コア事業を通じて、新たな顧客ニーズの発見や、コア事業で新たに培った技術の転用について議論が出始めており、事業領域拡大に向けても検討を着手したところである。

コーポレート機能強化（GBS設立、外部化等）

　近年、グループ経営の強化・さらなる成長に向けた、グループ経営をリードする本社機能の変革、それを意図したグループ組織再編の動きも多く見受けられる。具体的には「外部の専門業者との協業（JV化）による機能強化」やオペレーション業務を集約するSSCにとどまらず「本社機能の戦略・企画領域まで取り込んだGBS設立」等がある。

▶ GBS設立により機能高度化・効率化を推進する企業F社

> **組織再編目的**：コーポレートの強化（本社固定費の適正化、コーポレート機能強化・事業へのお役立ち向上）
> **組織再編オプション**：コーポレート改革（SSC/GBS設立・強化、コーポレートスリム化・強化、グループガバナンス改革）

背景・目的

　新たに策定した長期ビジョンのもと、純粋持株会社体制に移行し、新事業創出やM&Aの推進を加速させていた。その中で、持株会社としては、より長期・戦略的な役割に特化することを志向するも現業に引っ張られてしまう局面があり役割変更が停滞、一方で新事業創出等の取り組みにより本社部門のリソースが追い付かない懸念があった。そこで本社機能の高度化・効率化を両立させるため、GBS設立に着手した。

組織再編概要

　持株会社は長期・戦略的な役割に特化すべく、経営企画部門および各機能の意思決定機能を除く全ての機能をGBSに集約する組織再編を実施した。

　GBSとして大くくり化することで、これまで各機能それぞれに効率化を進め限界に達していたところから、機能横断・プロセス単位での効率化を進めることを志向した。また、一定規模となり事業会社側との窓口を集約することにより、事業会社側への発言力を高め、事業会社側を巻き込んだ効率化・高度化を推進できる体制を構築した。

チャレンジ・難所

　GBSを設立、運営するにあたり、真っ先に立ちふさがった壁が「SSCの苦い経験」である。F社グループも過去に効率化目的からSSCを設立するも効率化効果は限定的であり、従業員のモチベーションが下がってしまった経験を有しており、今回の取り組みも同じような失敗になるのでは、との不安の声が上がった。この声に対して、経営陣・企画チームは従来のSSCとの違い、「オペレーションだけでなく企画機能も集約」「下請けではなく、提言型に進化」「効率化効果を従業員に還元」等を説明、具体的な設計に取り組むことで、一歩一歩、歩みを進めていった。

　また、従業員の不安払拭、GBSの位置付けやグループ内での重要性の明確化のため、新社の社長はグループ副社長・CFO（Chief Financial Officer、最高財務責任者）格の役員を配置した。本社部門にとって、「GBSの社長」という存在は新しく、心強いものとなっており、そのリーダーのもと、さらに求心力を高めることができている。

その後の動向、成果や課題

　GBS設立以降、新社社長のリーダーシップのもと、事業会社側との協議も踏まえ、これまで発案・実現できなかった業務効率化の施策に取り組んでいる。今後の課題を「高度化の推進」と認識しており、効率化により捻出した工数の高度化検討に充当するとともに、外部からの専門人材の積極的な採用も開始しており、高度化を推進する素地を整備し始めている。

▶ 外部パートナーを活用して個別機能強化を推進する企業G社

組織再編目的：コーポレートの強化（本社固定費の適正化、コーポレート機能強化・事業へのお役立ち向上）

組織再編オプション：コーポレート改革（機能別改革）、外部化（特定機能の売却・JV化、BPO活用）

背景・目的

　伝統的に強い本社部門をもつG社では、本社部門に優秀な人材をそろえ業務提供の品質も高いと言われていた。一方で業務の品質レベルを維持するために、年々本社部門は人員数が増大し、事業部門の拡大に比して肥大化する傾向にあった。加えて、専門性の高さに定評はある一方で事業貢献に対する評価は芳しくなかった。

　そのような状況において、G社では提供業務の最適化と付加価値拡大を目的に本社の各部門に対して機能強化の取り組みを全社的に進めるように指示をした。

組織再編概要

　各本社部門においては、自部門における提供業務内容を整理したうえで、外部パートナーが対応できる業務は外部化を進めるとともに、自社に残置する業務についても事業部門への移管を進める改革を行った。

　業務の外部化により本社部門のスリム化を図り間接部門維持にかかる固定費を極小化するとともに、スリム化により捻出した余剰人材を事業部門に再配置することで事業側のリソース強化にもつなげた。また、個別事業の特性に応じて活動すべき本社業務に関しては、事業部門傘下に配置することで事業部門の裁量に基づき業務運営する体制に移行した。

チャレンジ・難所

　G社では自前主義の考えが強く、従来自社で対応していた業務を外部パートナーに移管する外部化の取り組みに対しては強い抵抗があった。外部パートナーに業務移管すると業務の品質が低下する等の理由から多くの反対の声が上がっていた。

　抵抗は外部化だけではなく事業部門への業務移管を進める前線化についても同様だった。本社部門としては、どの事業を支えるのかにかかわらず管理部門としての統制を必要なレベルで行う必要があるとの理由から、事業部門傘下に業務移管することに反対の声が上がった。

　いずれの取り組みについても当事者は変革に消極的になり、取り組みが有効となるよう業務移管の範囲を広げることに多大な苦労をすることになった。それに対して事務局が「ここまで踏み込むことができる」と仮説をもって、伴走しながら各部門と追加で協議した。また、取り組みに積極的な部門と消極的な部門の検討内容を横並びにしたうえでマネジメントの面前にさらし、消極的な部門の検討の後押しを実施した。さらに、進んでいる部門の取り組みをパイロット成功事例として他の部門に共有し、前向きに取り組んでいただけるように後押しした。

その後の動向、成果や課題

　足掛け数年をかけて、G社では全ての本社部門の外部化と前線化の取り組みを完遂することができた。結果として全体の3割に当たる業務が、外部化もしくは前線化することになった。

　外部化においては、自社ではノンコア業務であっても、外部パートナー傘下においてはコア事業として位置付けられることから、業務の生産性が向上するケースも少なくなかった。また、前線化の結果、事業の状況に応じて業務の注力領域を自立的に変更することができ、結果として事業部門の本社機能に対する満足度は向上するこ

ととなった。

● 各社組織再編検討における事例の活用

　前述の通り、組織再編の事例研究・評価は多面的であり、目的や立場
によって、また時間の経過とともに意見が分かれることもある。「この
事例は成功とは言えないのではないか」「今の環境から振り返ると、意
思決定が誤っていたのではないか」等、それぞれに異なる捉え方をされ
ることもある。その時々の外部環境や置かれた状況といった観点からの
気づきが重要であり、自社の経営環境・組織再編目的に近いケースを出
発点に、経営陣・関係部署と議論を深めることが肝要である。

　また、事例企業が対峙したチャレンジ・難所は、日本企業各社が現
在取り組まれている、または今後取り組まれるであろう組織再編検討に
おいても起こり得るものと認識している。このようなチャレンジ・難所
があることを理解しつつ、それを上回るだけの組織再編目的の設定や、
前述した10の要諦を踏まえた組織・制度設計、プロジェクト運営等に
取り組むことが重要である。

第5部

組織再編の
未来

第 **5** 部

組織再編の
未来

⬤ これからの組織再編

　これまでも、その時々の経営環境や経営課題に対応すべく、組織再編が実行されてきた。この先、組織再編の活用のされ方がどのように変化していくのか、いくつかの観点に基づき考察する。

⬤ 組織再編活用の局面の変容

▶ ビジネスモデルの変革

　経営環境の急激な変化により先の見通しが立ちにくい中で、現在は主力であってもその将来性については予見できない事業領域は少なくない。経営環境の変化に応じてコア事業領域も組み換えていく重要性が増す中で、新しいビジネスモデルへとシフトチェンジする局面において、組織再編の必要性はますます大きくなる。

　例えば典型的なモノ売りのメーカーがソリューションを中心としたコト売りのビジネスモデルに変革するにあたり、組織再編の活用は大変有効といえる。プロダクト毎に組成された事業部門をマーケット軸で再編成するといった組織再編をすることで、マーケット軸でニーズに応えていくという意思を明確に示したうえで、ビジネスモデル変革のプログラムを強力に推進することが可能になる。

　他にも脱炭素をテーマとしたビジネスへの転換等、従来の延長線上では変革を描きにくいケースにおいても組織再編は有効である。既存のビジネスモデルに基づく事業ドメインの拡大であればともかく、既存のビジネスモデルそのものの抜本的見直しを求められる局面では既

存の組織体制では限界がある。ビジネスモデルそのものを変えるためには、組織体制を一新する組織再編を最大限活用することを検討したい。

組織再編のアプローチの変容

▶ 法制度の整備進展と柔軟な制度活用

　既存の会社を分割し、2つの会社に分けるといった会社分割の手法は、日本では2001年4月1日に施行された改正商法で初めて規定されている。その後会社法の施行や改正に伴い、会社分割をより柔軟に活用することができるようになってきた。2014年に施行された産業競争力強化法も、それまで施行されていた「産業活力の再生及び産業活動の革新に関する特別措置法」の後継制度であり、日本企業の競争力強化に向けて組織再編の活用がより進むように改正されている。立法行政府としても新制度の施行や既存制度の改正を通じて日本企業の組織再編を後押ししていきたいという思惑があると思われる。

　これまでさまざまな法制度整備や改正が行われた結果として、日本企業が組織再編行為を活用しやすくなったことは事実だが、実務では多くの手続きを要するものもあり、さらなる簡略化や柔軟な制度運用の余地があると思われる。会社分割時の労働契約の承継においては、労働組合や従業員と書面による多段階でのコミュニケーションが求められているが、例えばこういった書面を前提とした手続き等は簡略化されることを期待したい。

　組織再編を支える制度として、前述した会社法や産業競争力強化法に加え、労働契約承継法や金融商品取引法等さまざまな制度が施行されているが、電子化による書面の省略、組織再編の規模や影響の大きさに応じた手続きの簡略化等が進むことで、結果として組織再編行為のスピードアップ・機動的な活用が進展していくと思われる。

　また、組織再編にかかる制度整備状況をグローバルで見ると、欧米

は進んでいる一方で中国、インドやASEANでは制度整備が進んでいないところもある。海外子会社の組織再編をする場合は組織再編対象となる法人の立地国の法制度に従うことになり、国によっては多大な時間を要することもある。今後は各国間での組織再編を後押しする仕組みが整備され、国をまたいで組織再編を機動的に進められるような環境に変わっていくことも期待したい。

▶ ワークスタイルの多様化と新しい組織再編の姿

　COVID-19の影響によりリモートワークが定着し、働くロケーションをより自由に選ぶ動きが活発だ。今までは同じ組織に属していれば、同じ場所に集い一緒に仕事をすることが当たり前だったが、これからは同じ所属組織でも個人の判断によってどこで仕事をするのかを選ぶことになる。所属と所在の分離により、従業員にとっての組織に所属する意味合いが大きく変わってきている。

　さらに、日本企業においてジョブ型人事制度の導入が進んでいる影響も考える必要がある。ジョブ型人事制度下では組織ではなく個々の役割に対してコミットすることになり、その分、組織や法人に対する所属意識は希薄化しがちである。従来は同じグループ内でもどの法人に所属するのか、同じ法人内でもどの組織に所属するのかについて従業員は非常に高い関心をもっていたが、今後はそういった点に対するこだわりがなくなっていくと想定される。

　その結果、単純に組織を組み替えるだけの組織再編では、従業員への意識変革効果は限定的になると考えられる。組織再編が行われた結果、会社名や組織図は変わるが、やっている仕事とその環境は変わらない、といったことが起こる。経営課題解決のために行われる組織再編が、組織という「ハコ」の変更という視点で捉えられるにとどまり、従業員の意識や行動に対して影響を及ぼしにくくなる。組織再編を通じて組織風土を変えるうえでは、従業員の所属意識を高めるようなコミュニケーションと組織変革につながるチェンジマネジメントが重要

になるだろう。

▶ 組織再編のDX

　世の中のDXの波の中、組織再編の取り組みもDXが進んでいくものと考えられる。「企業実務のDX」と「組織再編プログラムのDX」、この2つの視点で今後の変化を考えたい。

企業実務のDX

　いまや多くの業務がDXと言われる改革に乗り、業務のDXが進んでいるのは自明のことと思われる。その結果、業務の自動化やAI（Artificial Intelligence、人工知能）活用が進み付加価値業務の位置付けが変わったり、ペーパーレスやリモート化が進みロケーション依存性がなくなったり、といったことが起こっている。もちろん従来通り人が介在することで付加価値が高まる業務は存在するが、その比重は変わりつつあるとみてよい。

　組織再編においては、組織と組織に付随する制度、業務、システム、人材、情報等を移管する作業が発生する。企業実務のDXの推進により、制度、業務、システム、人材、情報等の組織アセットについても重要性が変わってきており、当該組織においてどこが重要なアセットなのか、それをどのように移管するのが適切なのかを見極める必要がある。

　例えばAIやデータの活用が進んでいる現場であれば、グループとしてどのようにデータを利活用するのか、セキュリティやデータ保護のための対策をどのようにするのか、といった視点からのデータの取り扱い、ガバナンスにかかるルールやノウハウが重要になってくる。DXの進展により重視すべき組織のアセットが変わってきており、重視するアセットの領域を押さえて組織再編のプログラムを設計・実行することが重要である。

組織再編プログラムのDX

　特に大規模組織再編においては、組織再編の影響範囲がグループ全社となるようなケースも含めて広く考える必要がある。第3部「要諦8」で述べたように、組織再編プログラムの設計・運営においても多くの工夫が求められる。今後は、組織再編プログラムの設計や運営についてもDXが進むことを期待したい。

　組織再編のプランニング局面ではロードマップの策定やマイルストーンの設定、タスク・スケジュールの作成等を行うが、これらのタスクについて自社の過去の取り組みをひな型に、AI等のテクノロジーを用いてドラフトを自動作成するといったことが可能になるであろう。また、組織再編プログラムの進捗やリスク管理等も、PMOの役割を担ったメンバーが人的なつながりを駆使してマネジメントするだけでなく、プログラムの進捗の自動集計や過去の取り組みにおける難所を踏まえたリスク要素の自動抽出等、デジタルのテクノロジーを活用することが可能になるであろう。

　ただ、いずれの場合においても組織再編プログラムを統合的にマネジメントする機能は継続して求められていく。テクノロジーの活用はベースにはありつつも、ロードマップの適切性やリスク要素の緊急性・重要性判断は最終的には経営レベルのジャッジメントを要するものであり、全てがデジタルに置き換われるものではない。

◖ 最後に

　前述したように、今後は組織再編への期待は高まるとともに、組織再編実行における難度も上がっていくことが予想される。すでに視野に入れている組織再編を適切に推し進め、成功に導くことも重要ではあるが、今後の外部・内部の環境変化を踏まえてどのような組織再編が求められるのかを絶えず検討し続けることが必要となる。

　10の要諦で示してきたように、組織再編は単発的な取り組みとして

終えるものではなく、経営環境の変化に応じて経営課題を見極め不断の組織再編を企画・実行していくことが求められる。グローバルに持続的な成長を果たしていくために不可欠となる組織再編というアプローチを、日本企業が効果的に活用していくことを強く願っている。

著者プロフィール

Monitor Deloitte

モニター デロイト（Monitor Deloitte）は、世界最大のプロフェッショナルファームであるデロイトの戦略コンサルティング部門。CSVの第一人者でもあるマイケル E. ポーター教授に代表されるハーバード ビジネス スクールの教授陣によって設立されたモニターグループの流れを汲む。時代を先取る最先端の方法論と各産業に対する深い知見を活用し、経営者の意思決定を支え、企業変革を成功へと導くための先進性・専門性・独自性の高い戦略コンサルティングサービスを提供している。

メンバープロフィール

恒松 宏明 / Hiroaki Tsunematsu

モニター デロイトのStrategic Reorganizationリーダーを務める。大手日系企業において、クロスボーダー含む多数のグループ組織再編／PMIのプロジェクト統括、コーポレート改革、統合計画／事業計画策定等を支援。

安藤 雄三 / Yuzo Ando

金融機関を経て現在に至る。現職では、金融機関・製造業をはじめ幅広い業界において、経営統合、組織再編（持株会社体制移行、子会社再編等）に関わるプロジェクトを数多く手掛ける。「企業変革手段としてのM&Aの新潮流」（MARR）等寄稿。

田中 晴基 / Haruki Tanaka

モニター デロイトのCSV Sustainabilityリーダーを務める。多様なクライアント企業に対し、サステナビリティを基軸とした経営変革を支援。『SDGsが問いかける経営の未来』等著書・寄稿多数。

増田 祐介 / Yusuke Masuda

組織再編／M&A領域に従事。Pre～Post M&Aに加え、合併・JV設立や分社・持株会社化を伴う大規模な組織再編、グループ経営改革等において、構想から推進までの幅広い経験をもつ。「企業変革手段としてのM&Aの新潮流」（MARR）等寄稿。

金田 あづき / Azuki Kaneta

組織再編／M&A領域に従事。持株会社化や全社コーポレート機能改革、子会社売却やJV化を伴う機能別改革等、大規模組織再編の構想策定から実行までの幅広い経験をもつ。

Strategic Reorganization

グローバル化・デジタル化をはじめとした産業構造・事業環境の大きな変化と不確実性への機動的対応、持続的な成長と企業価値の向上を実現すべく、戦略推進、成果創出のための基盤構築に向けた組織再編を支援する専門チーム。

松宮 知樹 / Tomoki Matsumiya

メディア、消費財、製造業等幅広い業界において、持株会社再編、グループ会社再編、コーポレート改革を専門に、戦略策定から組織・ガバナンス設計、業務プロセスまで一貫した体制構築の支援に従事。

辻 一樹 / Kazuki Tsuji

ITベンダーでの製造業向け製品開発業務コンサルティング・IT導入を経て現職。持株会社化・機能外部化・シェアード組織立ち上げ等の組織再編、および再編後のトランスフォーメーションの支援に従事。

本川 奈美 / Nami Honkawa

通信業界専門のシンクタンクを経て現職。リサーチおよびナレッジマネジメントを専門とし、業界知見を生かした示唆の提供や組織再編・M&A領域のリサーチに従事。

松井 裕美 / Hiromi Matsui

総合系・経営コンサルティングファームを経て現職。買収・売却や子会社統合を伴う組織再編／M&A、JV設立支援、シェアード子会社設立支援等において、構想策定から実行支援に従事。

桐山 千佳 / Chika Kiriyama

新事業参入戦略および新事業立ち上げに伴う事業運営組織・IT組織構想支援、新会社設立支援、シェアード会社設立支援等の案件に従事。

次世代型戦略的グループ組織再編

グローバル競争を勝ち抜くためのグループ組織構造改革

2023年5月8日　　第1版第1刷発行

著　　　者	Monitor Deloitte
発　行　者	服部健一
発　　　行	株式会社日経BP
発　　　売	株式会社日経BPマーケティング
	〒105-8308 東京都港区虎ノ門4-3-12

デザイン・制作	TOKYO LAND　中村 勝紀
印刷・製本	大日本印刷

ISBN 978-4-296-20156-3　Printed in Japan　©Monitor Deloitte 2023